愛を言い訳にする人たち
Men who justify their abuse as acts of love

DV加害男性700人の告白

アウェア代表
山口のり子

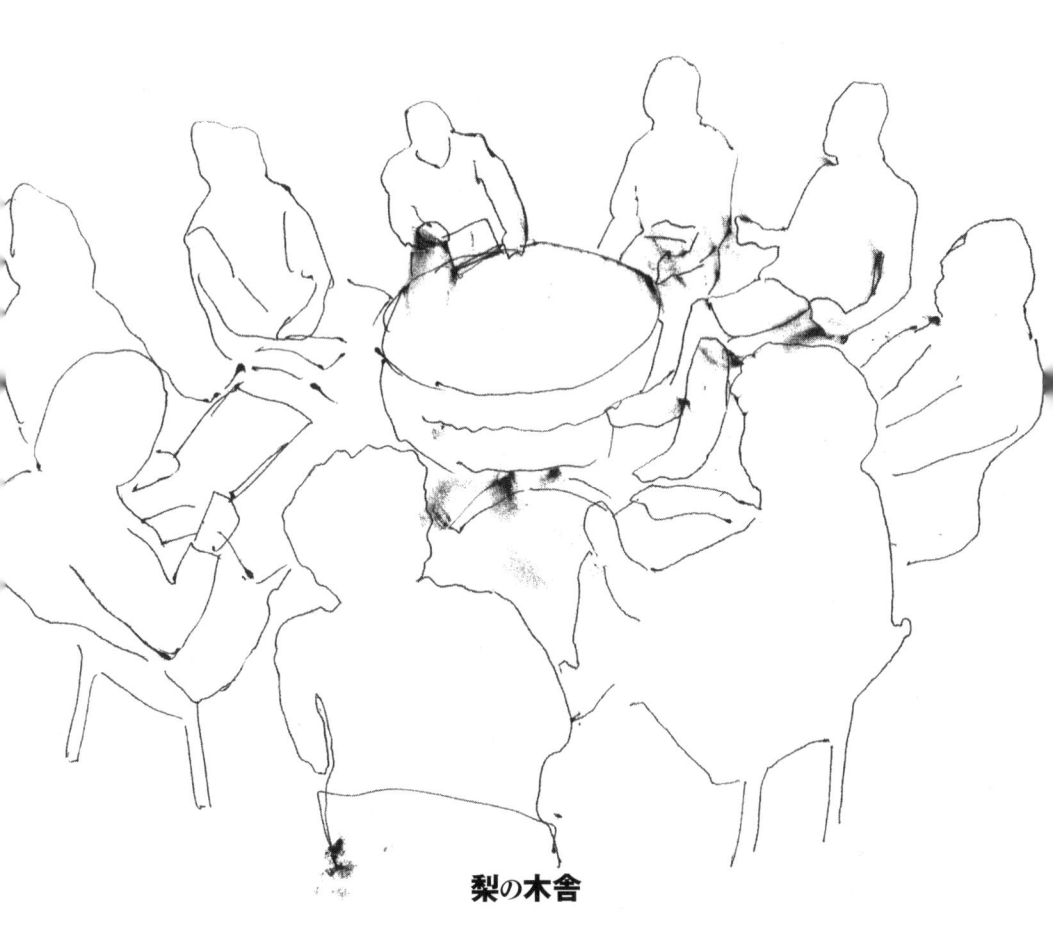

梨の木舎

もくじ

はじめに ……………………………………………… 6

1章　DVってなんだろう？
1　DVはあなたに関係があること ……………… 10
2　DV加害男性たちの証言 ……………………… 12
3　DVは犯罪 ……………………………………… 31
4　DVは「力と支配」 …………………………… 33
5　力と支配の輪 ………………………………… 35
6　暴力の種類 …………………………………… 38
7　DVのサイクル ………………………………… 41
8　DVはどのくらいおきているか ……………… 43
9　デートDV ……………………………………… 45
10　デートDVはどのくらいおきているか ……… 47
11　デートDVの「力と支配の輪」 ……………… 48
12　DVとデートDV ……………………………… 50
13　デートDVの特徴 …………………………… 52
14　デートDVへの対応 ………………………… 53
15　デートDVとストーカー …………………… 54

2章　DVは相手の人生を搾取する
　　1　被害に気づかない被害者 …………………… 56
　　2　DVが相手に与える大きな苦しみ ………… 57
　　3　被害者が気づいても離れられないわけ …… 61
　　4　自分は加害者だと思い込む被害者 ………… 63
　　5　DVは子どもへの虐待でもある …………… 64
　　6　子どもを使ったDV ………………………… 66
　　7　子どもを虐待する加害者 …………………… 68
　　8　子どもへの影響 ……………………………… 69

3章　DV加害者と教育プログラム
　　1　アウェアのプログラムの特徴 ……………… 74
　　2　被害者支援の1つの方法として実施 ……… 76
　　3　さまざまなテーマで話し合うプログラム …… 77
　　4　加害者になりやすいタイプはない ………… 79
　　5　DV行動パターンのタイプ ………………… 80
　　6　参加のきっかけ ……………………………… 84
　　7　DVだとはじめて気づいた ………………… 85
　　8　自分こそ被害者だ …………………………… 86
　　9　ゆがんだ考え方と価値観 …………………… 87
　　10　DV加害者の共通点 ………………………… 94
　　11　グループでの話し合い　　　　　　　　 101
　　12　グループで学ぶこと ……………………　106
　　13　加害者にとっての同居　　　　　　　　 113
　　14　関係を続けるためのルール ……………　113
　　15　アウェアの目標 …………………………　119

4章　ＤＶ加害者は変わらなければならない
1　変わらない加害者 …………………………… 122
2　変わる加害者はまずＤＶの考え方に気づく …… 123
3　学んだことを行動に移す …………………… 128
4　加害者の説明責任 …………………………… 135
5　変化への長い道のり ………………………… 143

5章　社会がＤＶ加害者を生み出す
1　日本はＤＶ国家 ……………………………… 146
2　なぜＤＶ加害者になってしまったか？ …… 146
3　ＤＶの要因１「力と支配」………………… 148
4　ＤＶの要因２「暴力容認意識」…………… 150
5　ＤＶの要因３「ジェンダー・バイアス」… 154
6　ＤＶの背景に女男不平等社会 ……………… 157
7　ＤＶ加害者に味方する人々 ………………… 158

6章　ＤＶのない社会を目指して
1　被害者支援と加害者プログラムは車の両輪 …… 170
2　加害者に必要な処罰と監視 ………………… 170
3　被害者と地域社会の安全に役立つプログラム … 171
4　求められる国や自治体によるルールづくり …… 172
5　ＤＶ加害者プログラムの実施者 …………… 173
6　ＤＶ被害女性プログラム …………………… 176
7　デートＤＶ防止教育 ………………………… 179
8　ＤＶのない社会を目指して ………………… 185

終わりに ………………………………………………… 190

はじめに

DVの定義を変えよう

　「アウェア」（aware：英語で「気づく」という意味）という名前で、私がDVのない社会を目指して活動を始めたのは2002年のことです。アウェアの活動の柱は3つあり、1つ目がDV加害者プログラムです。加害男性のみが対象で、プログラムはグループで実施します。グループは3つあり、1回2時間、52回以上参加することになっています。これを被害者支援の1つの方法として実施していることが重要な点であり、アウェアの特徴でもあります。2つ目は被害者に向けた活動で、加害者プログラムに参加している男性のパートナー（妻・恋人・デート相手など）のための「女性支援の会」と、DVの被害を経験した女性ならだれでも参加できる「DV被害女性プログラム」があります。3つ目の活動はデートDV防止教育です。若者の間でおきるデートDV（デート相手へのDV）を未然に防止するための教育プログラムを作り、学校などで実施しています。これら3つのプログラム実施者の養成もしています。詳しくはアウェアのホームのページ（http://www.aware.cn）をご覧ください。

　これまで14年近くの間に、アウェアに面談に来た男性が約700人、DV加害者プログラムに参加した男性が約350人います。本書では、面談やプログラムで男性たちから聞いた話をもとに、加害者の実体を明らかにし、「加害者ってどんな人？」「なぜDVするのか？」「加害者は変わるのか？」などの皆さんの疑問にお答えするとともに、「DV加害者

プログラムってなにをするのか？」という疑問を抱く皆さんに、いくらか具体的なイメージを抱いていただけたらと思います。そして加害者プログラムがなぜ必要なのか理解していただきたいというのが本書の第1の目的です。

　第2の目的は、これまであまりにも情報が被害者に偏っていたので、本書で加害者の情報を提供したいということです。偏っていることは、DV防止法（2001年に施行された「配偶者からの暴力の防止及び被害者の保護に関する法律」の略称）にも、内閣府のDVの説明にも「**配偶者からの暴力**」という言葉が使われ、全国でもそれが使われていることからわかります。これでは「被害者へのメッセージ」になってしまっています。「配偶者から暴力を受けるのは被害者の問題であり、あなたが解決しなければならないんですよ」と言っているようなものです。DVは加害者の問題であり責任です。DVを「（配偶者など）親密な人**への**暴力」と定義し直し、加害者に向けたメッセージにしていく必要があります。そのため、本書には、加害者たちのことをできるだけ具体的に（個人が特定されるような情報は含まず）たくさん盛り込みました。本書が、DVをしている人には自分のしていることに気づくきっかけに、DVをされている人には相手のDVを見抜いて自分自身を取り戻すきっかけに、また、社会に根強く残る、DVに関するまちがった俗説が訂正されるきっかけになればと思います。

　　　　　　　　　　　　　　　　　　　　　　　　　山口のり子

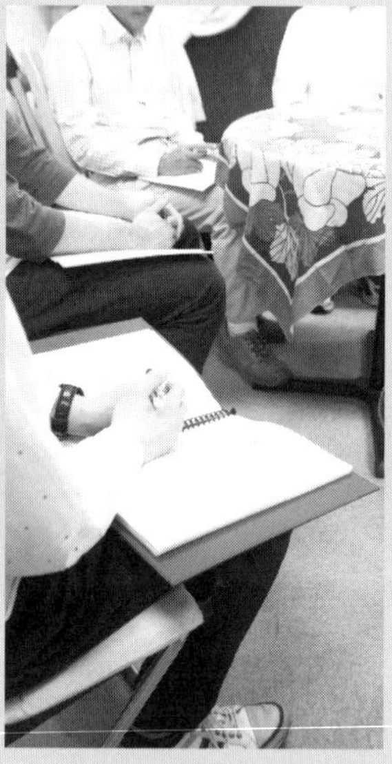

1章

DVってなんだろう？

1　DVはあなたに関係があること

　この本を手に取ってくださった読者のあなたに、まずしていただきたいことがあります。次に挙げる項目を読み、自分もそう思うとか、自分もそうしているというものがあったら、いくつあるか数えてください。「親密な関係」に該当する人がいない方は、そういう人がいたら自分はどう考えて、どう行動するだろうか想像してみてください。正直に答えてください。

・**自分のことを女性**だと思う**読者**向けです。
　　□夫には私や家族を引っ張っていってほしい
　　□夫に留守番させたり家事を手伝わせたりすると罪悪感を覚える
　　□子育ての責任は主に私にある
　　□娘には家事を手伝わせるのに息子にはさせない
　　□出かけたときは夫より少しでも早く帰宅しなければと帰りを急ぐ
　　□子どもの学校の書類の保護者欄に夫の名前を書く
　　□夫の親族との付き合いは自分がしなければならない
　　□家族に問題が生じたら私がなんとかしなければならない
　　□彼が不機嫌になると気になり、なんとか機嫌よくなってもらおうと務める
　　□彼にセックスを求められたら断われない

・**自分のことを男性**だと思う**読者**向けです。
　　□男が人前で泣いたらみっともない
　　□自分の気持ちを話すことは男らしくないことだ
　　□問題がおきたら自分で解決しなければならない
　　□人に助けを求めることはしたくない
　　□彼女には僕を立ててほしい
　　□彼女を幸せにしなければならない
　　□僕がセックスを求めたとき、彼女にはいつでも応じてほしい

- □僕が言葉にしなくても僕の気持ちを察してほしい
- □家事や子どものことは自分から率先してやらなくてもいい
- □妻が働くのはいいが、家事育児をしっかりやったうえで働いてほしい
- □テレビのチャンネル権は自分にある
- □物に八つ当たりすることがある
- □私は家族の大黒柱でなければならない
- □俺は一家の主だから、家族にとって大事なことは自分が決めなければならない
- □家事や育児を「手伝う」と妻に対して「やってあげた」という気持ちがわく

・以下はすべての読者向けです。
- □加害者はカッとなって自制心を失ってDVしてしまうのだろう
- □仕事のストレスからDVしてしまうのだろう
- □コミュニケーションの力が足りないからDVするのだろう
- □暴力はお互いきらいになって別れそうになったときおきるのだろう
- □夫婦や恋人なら、お互いに相手がいやがることをしたり行動をしばったりすることがあってもしかたない
- □相手をおとしめるようなことを言ったりバカにしたりどなったりするのは暴力ではない
- □「先生」と呼ばれる仕事をしていて、人が自分のことを「先生」と呼ばないと気分が悪い
- □映画やテレビドラマで恋人が思わず手をあげるのは嫉妬や愛情表現からなら暴力ではない
- □暴力をふるわれるほうに何か落ち度があるにちがいない
- □男性が少々暴力的で支配的な態度や行動をするのは「男らしい」ことだからしかたない
- □男性（息子）は強くたくましく、女性（娘）は素直でやさしいのがいい

□結婚で女性が姓を変えるのは当たり前だ
□レイプとは暗がりなどで見知らぬ男が女性に対してする性暴力であって、恋人や夫婦間ではありえない
□離婚は人生の失敗だ
□子どもが言ってもきかないときはたたいてもしかたない
□ある日本人男性が家族を連れて米国カリフォルニア州のディズニーランドへ行き、そこで妻と言い争って妻の腿を1回膝で蹴りました。警官がすぐ駆けつけて逮捕されました。それは厳しすぎると思う

どうでしたか？ ✓点を入れたり、指を折ったりした項目がありましたか。複数個あった方は多いと思います。いくつまでならだいじょうぶ、などとは言いません。1つでもあった方に申し上げます。あなたはこのあと出てくる加害者たちと無関係ではありません。あなたはＤＶの当事者（加害者あるいは被害者）にすでになっているかもしれないし、これからなるかもしれません。当事者にはならなくても、周りにＤＶがおきた場合、被害者を責め、加害者の味方をしてしまうかもしれません。つまりあなたはＤＶに関係があるし、責任があるということです。なぜかをこれからお話ししますので、ぜひわが身に引きつけて読んでください。

2　ＤＶ加害男性たちの証言

　ＤＶは、男性から女性へ、女性から男性へ、またＬＧＢＴ（レズビアン、ゲイ、バイセクシュアル、トランス・ジェンダー）など、あらゆるセクシュアリティの関係の中でおきます。しかし男女のカップル間では、多くが男性から女性へのＤＶです。アウェアのＤＶ加害者プログラムは男性のみが対象ですから、本書で、加害者のしたことや言ったことなどをたくさん紹介しますが、すべて加害男性のものであることをご承知おきください。

アウェアは東京で、2007年から2010年まで毎年1回、合計で4回、加害男性たちが自分自身を語る公開講座を開催しました。講座名は「DVって何だろう？　僕たちは気づかずやっていた」でした。毎回100人ほどの参加者を前に、当時加害者プログラムに参加していた男性たちが、自分のしたDVと、アウェアで気づいたり学んだりしたことを話しました。帽子をかぶったりサングラスをかけたりして話した人もいますが、ほとんどが顔を出して話しました。そのうちの幾人かの男性の話を紹介します。名前はすべて仮名です。

キムラさん

　そもそも僕はDVという言葉さえ知りませんでした。あるとき妻が家を出て行ってはじめて自分がDVをしていると気づきました。彼女が家を出たのは1度や2度ではなかったのですが、はじめて「彼女は本気だ。彼女を失ってしまう」と思いました。彼女の本気が僕に気づかせてくれたのです。彼女が出て行ってからはじめて会えたとき、アウェアのチェックリストを渡されました。読むと自分の症状とまったく同じでした。僕がいつも当たり前のようにしてきたことは異常なことだったとはじめて気づいたのです。そのとき思い出しました。彼女は出て行く2、3年前から「首が痛い。このままではいっしょに暮らせなくなる」と言っていたのです。僕は「首が痛いなら病院へ行け。いっしょに暮らせないのは僕を愛していないからか？」などと言いました。彼女は「愛しているし、愛もいっぱいあげた」と言っていました。僕は愛しているのになぜいっしょに暮らせないのかと不思議で、彼女が浮気をしていると思い、携帯電話を壊したこともありました。このとき、彼女が僕に一生懸命訴えていたことにまったく気づきませんでした。

　僕は妻に次のようなDV行動をしました。まず、なぐる、蹴る、たたきつける、物を投げるなどの身体的暴力があります。鼻を骨折させてしまったこともあります。精神的暴力は、例えば、家族の行動についての

規則を自分が勝手に作ったことです。規則があるから自分の都合で怒ることができます。妻が何かできなかったときには彼女に怒ったり、自分の怒りがたまったときには、妻が過去に失敗したときの話をもち出して怒ったりいやみを言ったりするのです。失敗しない人はいないのに、「できなかった」、「家族で決めた規則を守れない」と言って怒りました。妻は何かあると子どもたちに「パパに聞いてみなくてはわからない」とか、「パパがいいと言ったらね」と言うようになり、１人１人の人格が尊重されない、意見を言うことができない、僕だけが居心地のいい家庭がつくられていきました。

性的暴力もしました。彼女がいやがっているのにしつこく求め、断られると「僕を愛していないのか？」、「愛していないのなら出て行け」、「外でして来るから金をよこせ」などと言いました。彼女がなぜ僕とセックスしたくないのか、本気で考えたことなどありませんでした。僕は妻の気持ちをまったく理解しようとせず、自分の気持ちだけをいつも押しつけていました。「僕がこんなに傷ついているのになんでわかってくれないんだ」、「おまえはそうやって僕を傷つける」と言っていました。

当時、僕とちがう彼女の意見や気持ちは僕への批判、反発にしか聞こえず、「なんて気の強い生意気で反抗的な女だ」と思っていました。彼女は普通に話や気持ちを僕に言いたかっただけなのですが、僕はいつも批判としか受け取らず怒っていました。怒ったときは、どなり、机をたたき、物を投げ、そのあと机をひっくり返しました。そこまですると「やりすぎた。ほんとうにごめんなさい」と心から思って、「もうしない」と謝りました。そのあとは、彼女が僕をきらいになっていないか確かめたくて、いつも性行為を求めていました。当時はほんとうに心から謝っているし、ほんとうにすまないと思っていると思い込んでいました。アウェアに通うようになってから、ほんとうはただ彼女を失いたくない、彼女にきらわれたくないと思っていただけだったことに気がつきました。きらわれたくない、失いたくないということを愛情と勘違いし

がちです。ほんとうにパートナーを愛しているDV加害者なんていないと思います。僕も含め、加害者は自分のことが大好きで、自分が傷つかないためにはどうしたらよいか、彼女を失ってしまうと自分が傷ついてしまう、といつも自分を守ることばかり考えていると思います。

　僕は子どものころ、よく母親から怒られ、暴力を受けました。最初は手で、手が痛くなると棒でたたかれて、みみず腫れができました。素っ裸で外に出されたこともありました。近所の人が通ると恥ずかしかったのを今でも覚えています。学校の先生などにもよく怒られました。今でもよく覚えているのは、中学3年のときに先生にトイレに連れ込まれ、「言うことを聞かないと単位をやらないぞ！」と言われたことです。僕は子どものころ親や権力のある人、自分より年上の人には逆らってはいけないものだと思っていました。逆らうと怒られるので、ちがうと思っても逆らわないほうがいいし、人を正しく教育するためには怒っていいと思っていました。このまちがった思い込みが、自分が親になったら子どもと妻をしっかり教育しなくてはならないという考えをつくってしまったのかもしれません。自分でもまちがっていると思うことが何回もありました。妻と言い争いになって、妻の言っていることのほうが正しいと思うことはたびたびありました。しかし、それを認めてしまうと、今までもってきた自分の考え、父親としての権力、居心地のいい生活などを失ってしまうと思い、話をそらし、昔のことや妻がしてきた失敗談をもち出して話をすり替え、逆に妻に対して怒っていました。
　僕は、今日この場では話しきれないほどたくさんひどいことを妻や子どもにしてきました。

　僕のDVに本気で向き合い、真剣に取り組んでくれた妻とは去年離婚しました。離婚の最大の原因は僕が浮気をしたことです。アウェアに通い始めて3カ月ほど経ったとき、妻と別居から同居に戻ることができました。僕はとてもうれしく、同居を許してくれた彼女に感謝し、「今までほんとうにごめんね」と心から思いました。しかし、山口さんは、

同居は加害者にとって失敗できないテストの連続だからお互いにつらいし大変だし、僕ではまだ無理だと言いました。僕は何がつらくて大変なのかそのときわかりませんでしたが、いっしょに住み始めてすぐにわかりました。掃除、洗濯、炊事などはもちろん、自分がやらなければいけないと思うストレス、いつも監視されているのではないかと思うストレス、早く変わりたいと思うストレス。自分が傷つけてトラウマを抱えてしまった家族なのに、その家族と暮らすのは大変なことでした。扉を閉める音、物を置くときの音、大きな声、ため息、顔の表情など、家族といっしにいる間はそれらすべてに気をつけなくてはいけませんでした。僕はだんだん家にいるのがいやになり、そんなとき１人の女性と知り合いました。僕は信じてくれた妻や子どもたちを裏切り、トラウマのない人に逃げてしまったのです。最後の最後までＤＶをしてしまいました。

　家でＤＶがおきている人、ＤＶで別居している人、ＤＶで悩んでいる人がたくさんいると思います。僕は、ＤＶは最悪の心の病気で、なかなかなおらないと思います。なおるというより、５年、10年、20年かけて自分が変わろうと思い、努力して少しずつ変わっていくものなのではないでしょうか。また、ＤＶはどんどんエスカレートすると思います。ですから、ＤＶに気がついた加害者の方は、早く行動をおこしてほしいです。僕はアウェアに通い始めて２年経ちました。自分のまちがった考えや行動はわかるようにはなってきたものの、なかなか変われません。ＤＶに気がついたら１日も早く行動してほしいと思います。

　今、別れた妻と子どもたちに僕がしてあげられることは、月々お金を振り込むことだけです。彼女や子どもたちが幸せになること、子どもたちにパートナーができてもＤＶしないこと、ＤＶされないことを心から願います。こういう気持ちになれたのも、アウェアに通ったからです。アウェアに出会っていなかったら、自分のＤＶの問題から逃げていたかもしれないし、こういう気持ちにもならなかったでしょう。僕は自分のＤＶと一生向き合い、アウェアに通い続けたいと思います。

ワダさん

私は「男は生活の中心であって、家族を養い、経済的にも社会的にも家族を守るもの。それが男の役割だ」と考えていました。そして「妻は夫に従って行動するものであり、夫である私の所有物、手足だ」と思っていました。私が言葉にして伝えなくても、妻には私の気持ちや考えや望むことなどに気づいて行動することを求めていました。私たちは共稼ぎで、彼女も私と同じように社会的地位をもって仕事をしていますが、「僕の仕事は社会のため、家族のためだからすごく大事だけど、あなたは好きでやっているんでしょ。趣味でしょ」というふうに考えていました。私は泊まり勤務があって、平日の昼間家にいることが多いので、彼女が勤めに出ている間はひとりぼっちになるんです。それがすごく淋しかったんです。その淋しさを「あなたが勤めているせいだよ」と責めていました。DVをして行き着く先は決まっているんです。「おまえが仕事をやっているからこういうことになるんだ。だから辞めろ」なんです。疲れて帰ったとき、妻にケアをしてもらいたかったんです。身体的にも精神的にも生活全般も、家の中の空間も含めて全部ケアしてもらいたかったんです。母親が私にしてくれたことを、結婚したらそのまま妻がやってくれることを望んでいたんです。セックスしてくれる母親の役を彼女に求めていたんだと思います。夫婦は一心同体で、同じ考え方をして行動するものなのに、この人はなぜ私のそういう気持ちがわからないのかと思っていました。一方的に、妻が私に一体化することを求めていたんです。

当時自分のしていることがDVとはまったく思っていませんでした。DVのことは知っていたし、DV防止法ができたことも知っていたのですが、自分の行動がDVだとはサラサラ思っていませんでした。私のDV行動は、どなったり、物を投げたり、ふすまとか壁とかを蹴ったり殴ったり、穴を開けたり、物を破壊したりすることでした。物を投げるときはよくリモコンを投げました。だから家にはまともなリモコンはあり

ませんでした。それから食事が用意されているテーブルをひっくり返しました。これは味噌汁がぐちゃぐちゃになったりしてひどいことになります。それから、妻をおとしめる。これは人前でもやっていました。彼女が友だちから誘われて外出しようとしたとき、「行くな」と言って行かせなかったこともあります。私はよく言葉で脅して追い詰めたりどなったりしていました。妻に反論させるんですが、その反論に対して行き止まりを作るんです。八方塞がりにして追い詰めて半狂乱にさせたこともあります。それから、寝ている妻に無理やり性行為を強要しました。お金の使い道はぜんぶ自分で決めていました。例えば、車を買うにしても自分で勝手に買ってきてしまいました。それから、自分の主張を通すために家庭裁判所に行って、家庭内不和調停を申し立てたこともあります。「僕のやっていることは正当で、あなたのやっていることはまちがいだ」ということを、司法を使ってまで証明しようとしたんです。身体的DV以外はすべてやったと思っています。

　なぜDVだと気づかなかったかというと、殴るとか蹴るなどの身体的暴力をふるっていなかったからです。DVというのは、身体的暴力のことだと思っていたんです。それに殴ると別れられてしまうと知っていたんです。だから、殴らなかったんです。私は暴力の種類を選んでいたんです。こうすれば彼女は出て行かない、こうすれば彼女は言うことを聞くだろうというふうに。「言葉によるものは暴力ではない」と信じていましたし、夫婦間でのセックスの強要が性暴力だなんてまったく考えていませんでした。当時、自分は怒りっぽい性格だと考えていて、心療内科に通っていたことがあるんです。なぜ怒るのか、その怒りはどこから出てくるのか知りたくてカウンセリングを受けたんですが、だれも私のしていることをDVだと教えてくれませんでした。ですから、単に怒りっぽいだけなのかなと思っていました。彼女は当時私に愛情をすごく提供してくれたんです。身体的にも精神的にも常に私のことを気遣ってくれていましたが、私は当たり前のことだと思っていたし、感謝もしていなかったです。妻は自分自身の気持ちをおさえて私のことを思いやって

支えようと一生懸命だったと思うんです。要するに、私のわがままに答えてくれていたんです。そうしたら私はハードルを上げていったんです。「ここまではどうだ？　よし、答えられた。じゃここまではどうだ？」というふうにどんどん高くしていったんです。当然答えられなくなります。当時、彼女は「お父さん（注１）、コップに愛情という水が入ってるんだけど、空っぽになっちゃうよ」と教えてくれていたんです。私はそのとき、「何を言ってるのかな、この人は？」とぜんぜん気づけなかったんです。彼女は、私と結婚したことで「お父さんの悪いところを引き出してしまった」と自分を責めていました。

　じゃあ、なぜＤＶに気づいたのかというと、妻が家を出て行ったからなんです。最初は１週間ぐらいで帰ってくるだろうと高をくくっていたんですが、数日後、子どもが転校や転園をしたという噂を聞き、学校と保育園に問い合わせたんです。もう転校手続きも転園手続きもとられていたんです。私はそのときはじめて妻は本気だと感じました。でもまだ自分のＤＶが原因だとは思っていないんです。当時は、妻が出て行ったことに対して、苦しくて悲しくて寂しくて、「子どもを連れて行きやがって！」と怒りもわいてきたんです。それと、取り返したいという気持ちが強くわいてきました。子どもを取り返したいのではなくて、妻を取り返したいんです。妻に帰ってきてほしかったんです。妻が実家に戻ったとわかったので実家に行き、泣きながら玄関先で土下座して謝りました。真面目に真剣に謝っているんですけど、ほんとうの謝罪じゃないんです。帰ってきてほしいから謝っているだけなんです。

　そのあとでアウェアの加害者プログラムのことを伝えるテレビ番組を見て、「ああ、もしかしてこれかもしれない！」って思ったんですね。とにかく、助けてほしかったんです。だれかに助けてほしかった。ほんとう言うと、妻に帰ってきて助けてほしかったんですけど、それは求められない。それでアウェアに行き、面談で、山口さんから「あなたの行動はりっぱなＤＶ行動です」と宣言されてはじめて気がついたんです。

あのとき彼女が家を出て行かなければ、私は今この席には座ってないと思うんです。今でもＤＶ行動を続けていると思うし、妻を傷つけていると思います。

　アウェアに通っていろいろなことに気づきましたが、その中の１つが彼女との結婚観の違いです。私は独り暮らしをしたことがなく、母親が僕の面倒をすべてみてくれました。私は結婚したら、母がやってくれたことをそのまま妻がやってくれることを望んでいたんです。一方妻は、結婚とは２人が親から自立して、支えあって尊重し合って生きていくことだと言いました。結婚するとき、彼女は「たった１つお願いがある。このまま仕事を続けさせてほしい」と言ったんです。そのとき私は彼女を獲得するために「いいよ、いいよ、好きにやれば」と答えたんです。でも、心の中では「いずれ辞めさせてやる！」って思っていました。でも彼女は辞めませんでした。今では、私にとってそれがすごく救いになっています。彼女が仕事を辞めなくてほんとうによかったと思っています。

　ほんとうに妻のことを考えられるようになったのは、アウェアのプログラムに参加して１年過ぎたぐらいからですね。それまでは自分がなぜＤＶしたのか、どうしたらいいのかと自分のことを考えるだけで精一杯でした。私は、自分を変える作業を「キャベツの皮をはぐ」って言い方をしています。キャベツは葉が詰まっていればいるほど、はぐときに葉が破けちゃうんですよ。だから苦しいんですよ。葉をはいでいったとき、その中に何があるのか探ることを今でもやっているつもりです。
　ＤＶは私にとっては一生の問題だと思っています。今の私にできることは、社会に対して今日のようにＤＶのことを発言し続けることだと思います。妻に対しては共感し、彼女を自然に受け止めるようになりたいと思っています。最後ですが、ＤＶ加害者プログラムは社会にぜったい必要なものだと思っています。ＤＶは、病気から引きおこされるものじゃないし、ＤＶする人はその効果を狙ってやっています。ＤＶする人は、

相手を自分の思い通りにコントロールしようとしてＤＶ行為を選んでいるんです。ＤＶは、加害者にも、被害者にも、社会にも「見えなくて気づかない暴力」だと思います。ＤＶは、夫婦だけで解決することも困難だし、加害者が１人で変わることもむずかしいと思っています。ぜひとも社会的制度を作ってもらいたいと思います。どのような理由があろうとも暴力で解決することは許されないことだし、ＤＶは、加害者が自分本位で自己中心的な考えからする行為だと今は思っています。気づかせてくれた妻とアウェアに感謝しています。

（注１）お父さん：子どものいるカップルが、お互いに「お父さん」「お母さん」と呼び合うことが日本では多い。お互いを役割で見る意識が強いため、ＤＶと無関係ではない。

スズキさん

　年齢は45歳です。妻と大学３年生の息子が１人います。子どもが１人なのは私のＤＶが原因です。１人目が生まれたとき、このままでは不安で２人目を産めないと妻から言われました。私はからだへの暴力もふるいました。例えば、つわりで寝ている妻の腰を蹴るとかです。でもどちらかというと暴言によるＤＶ行動を多く続けていました。気に入らないことがあると「おまえを飼っているんだ」とか、「養ってやっているんだ」と言いました。臨月の妻に向かって「おなかの子は自分の子ではない。離婚する」、「ぐず」、「のろま」、「おまえは程度が低い」、「言われたことだけやっていろ」、「女は男の言うことを聞いていればいい」、「俺が稼いだ金だ。俺は好きなことをやるけどおまえは我慢しろ」、「自分も金がほしければ稼いでこい」、「おまえが俺を尊敬しないから子どもが俺を尊敬しないんだ。俺を尊敬しろ」などと言いました。

　妻を自分の所有物として見て、妻の人間としての尊厳を無視した暴言を平気で吐いていました。そのほかにも何か気に入らないことや、思い通りにならないことがあると、へそを曲げて口をきかない、わざと妻の

いやがることをする、花瓶など物を投げる、自分のバッグを投げておいて「自分のバッグをどうしようと勝手だろ！」と暴言もプラスする、テーブルをひっくり返す、家を飛び出して無断外泊してわざと心配させる、などもしました。また自分の言うことを通すために、離婚をすぐに言い出しました。でも、いざ妻のほうが本気で離婚の話を持ち出すと、「やっぱりやり直そう」と言って妻の気持ちを翻弄していました。暴言のあとに優しい言葉をかけたり、嘘の謝罪をしたりしました。そうすれば自分の気持ちはすぐすっきりするので、仲直りのセックスを求めました。妻は拒むと私がまた爆発すると思い、いやでも従うしかなかったそうです。それらすべてがＤＶ行動だと気づかず20年行ってきました。

　妻はだんだん笑わなくなっていきました。それに追い討ちをかけるように、暗い顔をした妻に対して「仕事で疲れて帰ってきたというのに家が辛気臭い」と言って飛び出して飲み歩いたり、「暗いヤツだ」とか、「人生つらいときこそ大きい声で笑え」と暴言を吐いたりして精神的に追い詰めていきました。妻はますます笑わなくなり、だんだん口数も少なくなり、会話をしない日が何日も続きました。妻は不眠症から自律神経失調症となり、ときどきめまいがするようにもなり、仕事を続けられず辞めました。夢の中に過去の暴力が出てきて、1人で涙を流すようなことが今も続いています。

　1人息子には、幼稚園ぐらいまでは脅すことでいうことを聞かせていました。そのため息子は自律神経が細くなり不整脈も出てきたため、診てもらった病院では虐待があるのではないかと言われました。子どもに手をあげたこともあるし、私の思い通りにならないと「頭が悪い！」と何度ものののしったことがあります。そんなとき息子は妻に「離婚してほしい」と訴えていたそうです。一時期、妻と息子は2人で、妻の実家に避難して別居しました。高校生のときに、金属バットを取り合って息子をたたいたこともあります。しかし、妻や子どものことが憎いわけでもきらいなわけでもなく、むしろ、子どもとはいっしょに行動したいし、

可愛いと思っていました。妻のことは「独り占めしたいほど愛している」と思っています。その「独り占めしたい」という感情がＤＶにつながっていて、それも原因になっていたのかもしれません。

　私のＤＶ行動は、何が要因でいつからだったのかということですが、小さいころ両親より祖父母に育てられていた時間が長くて、物心ついたときには、祖父からよく「おまえはわが家の総領だ」と聞かされ続け、「長男はえらい」という教育を受けた結果、弟たちをこき使っておりました。家族はそれを容認していたんですね。父親は柔道２段で、私が悪戯をすると投げ飛ばされたこともあり怖い人でした。今でも、この歳になっても父親はとても怖いです。まともに目を見られなくて実家にはあまり近寄っていません。私の目の前で、私の祖父と父親とが取っ組み合いのケンカをしたことも覚えています。だから、親父とは本来怖いものだという意識が植えつけられて、自分も親になったら怖い親になろうと思っていました。テレビ漫画の「巨人の星」のお父さんの星一徹がチャブ台をひっくり返すシーンなどが当たり前のように放映されていて、それが子ども心に深く刻みつけられております。それから社会に出てからも、会社の上司や先輩からことあるごとに「妻というのは最初の教育が大事だ」、「それが男の役目だ」と酒を飲むたびに教えられてきました。このような家庭や社会の環境から学んだことに疑問をもたなかったことが、ＤＶ行動につながったと考えております。

　自分がＤＶの加害者だと、また妻も自分がＤＶの被害者だと気づいたきっかけは、ある日、気に入らないことがあったことから私が「離婚」を言い出したことでした。そうしたら妻がほんとうに離婚に向けて動き出し、インターネットで慰謝料や子どもの養育費などについて検索したらＤＶが出てきたというのです。妻に「もしかしてあなたの行動はこのＤＶではないのか」と言われました。私はただ短気なだけだと妻も私も思っていましたから、そこではじめてＤＶというものを知ったんです。インターネットに書いてあるＤＶ行動の種類が私の行動とピッタリ一致

しているのでほんとうにびっくりしました。自分の行動が社会問題になっていることや、犯罪であるということにショックを受けました。それまで自分の行動は、社会的常識にのっとった考え方からとった行動であると信じていたので、自分は正常ではなかったんだと思うと崩れ落ちるような気持ちになりました。怒りをためてそれを爆発させてスッキリして、ハネムーン期（注2）という機嫌のいい時期に入るというサイクルが加害者特有の行動パターンだということもはじめて知りました。そこで、私は自分をなおそうと思いたちまして、何か行動をおこさなくてはいけないと考え、アウェアの加害者プログラムに通い始めました。

　アウェアのプログラムで学んで、自分の態度、行動、考え方がどのくらい変えられたかということをお話ししたいと思います。
　1番大きな変化は、自分の行動は犯罪で、考え方はまちがっていたと認識したことです。2つ目は、言葉も暴力となり、人を病気にするほど傷つけてしまうような犯罪であると認識したことです。3つ目は、私のジェンダー・バイアス（注3）です。私はよく周りの人から、考え方が明治生まれの人みたいだと言われていました。「男の鎧」を着ていた自分に気づきました。男の鎧というのは、男はこうあるべきという規範のことで、男は偉い、男は仕事が命、男は家族を食わすものだ、といった意識のことです。そういうのがほんとうの男であるというイメージが私の中にあったのですが、そう学んできたのだということに気づいたんです。それで男の鎧を脱ぐことができたし、それで私の心も楽になり、片意地張らずに生きていけるようになりました。それと同時に、妻にも女性とは、妻とは、こうあるべきだという衣を着せていたことに気づきました。そういう考え方も同時になくなりました。その結果、妻への期待感がなくなり、妻に対して怒りが出てくる回数が少なくなりました。
　4つ目は、人権とか人の尊厳について学んだことです。妻は個人であり、自分の考えをもっているんだと思えるようになりました。だから妻の考えを否定してはいけないことや、自分の考えは必ずしも正しいわけではないのだと気づいたんです。今こう話している自分がすごく恥ずか

しいんですけれども、ほんとうに私は、以前は妻の考えは全部まちがっているという態度で接してきました。プログラムを受けたら、それまでの自分の考えのほうがまちがっていたんだとほんとうに気づきました。プログラムで学んだことの中には、妻から言われたり、訴えられたりしたことが数多くありました。なぜもっと早く素直に妻の言うことを聞けなかったのかと今では後悔しています。今では逆に妻を尊敬しています。

5つ目は、相手に甘えないということです。以前は「ここまでやったのになんでほめてくれないんだ？」とか、「会社のほかの人の奥さんができるのに、なんでおまえはできないんだ？」などと妻をほかの人と比較していました。そういう考え方をやめました。

6つ目は、その場を取り繕うだけの嘘のごめんなさいをして今まで妻を悲しませていたことがわかったことです。その場を取り繕い、仲直りをするための中身のない謝罪をしていたんだということを学びました。

現在の自分ですが、完全になおったわけではありません。ときたまＤＶ行動はでます。自分では変わったと思っていますが、「根本的な性質は変わっていない」と今でも妻に言われます。前と比べると少なくなってはきましたが、気に入らないことがあると言葉で相手を追い詰めるところは変わっていません。子どもに対する態度は変わってきまして、今では子どもを１人の大人として認めることができるようになりました。ＤＶをしないという約束がなかなか守れないことは自分では認識しています。以前とちがうところは、やってしまったあとでＤＶだったと認識できて自己嫌悪に陥るところです。またやってしまったという後悔の気持ちが沸いてきます。妻の悲しい気持ちもわかります。ほんとうの気持ちで謝罪も反省もできるようになりました。それで次に繋げていこうと今努力しているところです。妻は、私の「ぜったいがんばる」という言葉を今でも信じてくれています。「信じているだけに、ＤＶ行動がでると今まで以上に悲しくなる」と妻は言っています。その気持ちを裏切らないようにがんばろうと思っています。今自分にできることは、妻や子どもに対しての償いの気持ちを日々忘れることなく過ごすことです。忘

1章　ＤＶってなんだろう？　25

れないように、色紙に「償いの日々」と、「私はＤＶ加害者です。あなたはＤＶ被害者です。」と書いて貼り、２枚を毎日ながめ、さらに妻にそれを言葉で伝えています。「自分は犯罪者だ」という意識をもつことで、妻の苦しみを少しでも理解し、謝罪の気持ちで日々を過ごしています。20年以上妻に我慢させてしまったという思いがあるので、今度は自分が我慢する番だと思っています。何年かかろうが、妻の傷を癒すことが私の責任だと思っています。

　次に、加害者の方にメッセージを伝えたいと思います。自分が加害者であり、犯罪者であると気づいていない人は多いと思います。暴言もＤＶ行動だと気づいていない人が多いと思います。周りを見てみると、日本には加害者がとてつもなく多いと私は考えています。これは、社会の仕組みに原因があると思います。テレビのコマーシャルや子どもの漫画にまでＤＶ行動が容認されています。今日はマスコミの方も多くみえているので、できればジェンダー・バイアスやＤＶ行動を肯定するような内容のものは放映できないような基準を設けていただきたいと思います。

　自分も社会から知らず知らずのうちに影響を受けてきたことがわかります。ＤＶは伝染病のように、増殖、蔓延しています。自分の行動で、大事な人を傷つけ、大事な人を失い、最後は自分までも失います。加害をしている人は、自分は犯罪者であると自覚してください。自分が変われないのであれば、パートナーの手を早く離すこと、「離婚」を考えてください。これは加害者の最低限の責任であり、最後の思いやりだと思ってほしいです。これ以上被害者を苦しめないことです。子どもがいる方は、子どもがＤＶを学んでしまう前に、子どもから離れることで連鎖をとめることができるし、それが子どもの幸せにつながると理解してください。

　最後に被害者の方へメッセージがございます。暴言も立派なＤＶ行動です。からだへの暴力がないからまだマシなほうだとか、性格が短気な

だけとか、酒癖が悪いだけだとか思わないでください。また、自分に収入がないから我慢するのが当たり前だとか、少し我慢すればまた優しくなるなどと考えないでください。暴言を男らしさ、ＤＶサイクルのハネムーン期を彼の優しさと勘違いしないでください。子どもの父親だからと離婚することをためらう方もいると思いますが、その考え方は危険です。それはＤＶ連鎖を助長し、ＤＶ加害者と被害者を増やすだけです。神経やからだがだめになる前に、子どもに悪影響を与える前に、少しでも安全な場所に離れて、子どもと自分の幸せをまず考えてください。

(注2) ハネムーン期：(蜜月期) ＤＶのサイクルの１つで、暴力がない時期。加害者は反省したり、泣いて謝罪したり、優しくなったりする。もう２度としないと約束したり、プレゼントをしたりすることもある。(41頁参照)

(注3) ジェンダー・バイアス：ジェンダーは社会的につくられた性別・性差・性役割などのこと。バイアスは偏見。

タカハシさん

私は妻に対して身体的暴力をふるったことがあります。泥酔して家に帰ったとき口論になり、気がついたら彼女のからだに馬乗りになって首を絞めていました。原因はささいなことでした。妻が寝ている枕元で私が救急箱を開けていたら、その音がうるさくて彼女が目をさまし、そこから取っ組み合いのけんかになったわけです。妻と子どもは着の身着のままで、夜中の２時か３時ごろ家を出て実家に行きました。翌日、酔いもさめてちゃんと一部始終を思い出し、なぜこんなことになったのかつらつらと考えたのですが、それがＤＶ行動だということはよくわかっていませんでした。ＤＶというのは殴ったり蹴ったりする身体的暴力のことだと思っていたので、自分は１回しかしていないからＤＶなんかではないだろうと安易に考えていました。

でも実は、私のＤＶの種類はいっぱいあって、例えば、家計を握り、妻には最低限の生活費しか与えないという経済的コントロールをしていましたし、「俺が昼間働いているのに、なんであんた、ノホホンと友だ

ちと遊んでるんだよ」と言って友だちと会わせないなど、行動を制約するＤＶもしていました。からだへの暴力は、１回首を絞めただけという認識しかもたず、結局、結婚生活１１年の間、ＤＶをずっと続けていたことに全然気がつきませんでした。

　その後３カ月ほど彼女とは別居をしていました。その間、携帯メールと手紙だけでやり取りしていました。手紙といっても、私が昼間仕事に行っている間に、子どもを近くの幼稚園に連れて来た彼女が家に寄って、食卓に置手紙をするというふうでした。２カ月ほど経って彼女と会って話をしたときに、彼女からアウェアのことを教えてもらいました。プログラムを受けるようになって１年半ほど経ちます。

　アウェアで山口さんから「あなたが家を出たほうがいい」とまずアドバイスをいただきました。はじめは「何で！　出て行った妻のほうが悪いんじゃないの？」という意識が強く、よく理解できなかったんですけれど、よく考えたら山口さんの言う通りで、彼女は子どもの幼稚園の送り迎えとかがあるのに、実家からこちらに通うのは大変だし、自分が出て行ったほうがいいんじゃないかと思うようになりました。それで私が家から出て、彼女が家に戻り、別居生活が１０カ月ほど続きました。現在は同居に戻っています。

　次にアウェアで学んだことを説明させていただきます。アウェアのプログラムは、自分がなぜ暴力行為をやるのか、１つ１つ気がついていくプログラムなんです。１年では終わらなくて、１年半ぐらいかけて学んでいくものです。最初に学んだことは、緊急避難をすることで被害をくい止めるやり方でした。私は怒り出したらトコトンいっちゃう癖があるので、いかに妻に対して暴力をふるわないようにするかが重要です。そういうときはタイムアウト（注４）をとることを学びました。タイムアウトとは、言い争いになりそうなとき「ちょっと待って。興奮してきたから時間を置いてまた話し合おう」と言ってその場を離れる方法です。

その次に学んだのがストレス対処法です。ストレスで切羽詰った状態になると怒りっぽくなるのは私だけではないと思います。そういった危険要素を自分で認識することで暴力を防ぐ手法を学びました。
　次に、ジェンダー・バイアスという社会的な影響ですね。皆さん、映画とかテレビとか見ても、暴力シーンが目につくと思います。私が子どものころ、「寺内貫太郎一家」というテレビのホームドラマがありまして、一家のオヤジが、何か気に入らないことがあるとチャブ台をひっくり返したり、子どもたちを投げ飛ばしたりするシーンがよく出てきました。そういうのを暴力だと意識しないで見ると、暴力容認意識が吹き込まれるんです。暴力を肯定し、それは当たり前だと思うようになってしまうということをアウェアのプログラムで気づきました。

　情けないことに11年間、こういうことに自分で気がつくことはできませんでした。でも、1番怖いのは、いかに学んでも知識だけが頭に入ってくるだけで、自分がぜんぜん変わっていなかったことです。6カ月ぐらい経ったころ、自分なりにずいぶん変わったなあと思い込み「僕は前とはちがう。こんなに変わったんだよ！」と妻にアピールしたくなってしまいました。妻にＤＶの知識を見せびらかしたい衝動に駆られたんです。接近禁止命令は受けていませんでしたが、自分から被害者にアプローチすると加害行動になってしまうことはわかっていたので、見せびらかしたいという気持ちはかろうじて抑えることができました。結局、このころはまだ自分はぜんぜん変わっていなかったと、今振り返ると思います。

　自分がなぜ変わっていないのか気づかせていただいたのが、アウェアに通い始めて9カ月から10カ月経ったころです。プログラムにサバイバー（被害を体験した人）の女性が来て体験を話してくれたんです。その方が「健康な夫婦関係というのは、夫であるゆで卵と妻であるゆで卵の2つが皿の中で寄りそっている状態で、ＤＶが起きる関係は目玉焼き状態だ」と言ったんです。フライパンの中に卵を2つ割ると、黄身は2

つ残りますが白身はゴチャゴチャにくっついてしまい、2つの卵の境界線がなくなってしまいます。自分の結婚観は目玉焼きどころじゃなくて、スクランブルエッグのような状態だったんだろうと思いました。夫婦たるもの、考え方もいっしょじゃなきゃいけないし、行動もぜんぶいっしょじゃなきゃいけない。結局、相手の人格とか相手の生活とかは関係なくて、1つになるべきだというのが私の結婚観だったということに気がついたんです。要は相手に対して「すべて自分に合わせろ。そうすればいい夫婦でいられるんだから」という自分勝手な考えを押しつけていたんです。それを妻に受け入れさせるためにいろいろなDVをしていたんだと思います。

　その方のお話を聞いてもう1つはじめて気づいたことは、夫婦といえどもお互い人格をもった1人の人間だから、相手の人格を尊重してあげることが大切だということです。相手を認めてあげると相手の言っていることも聞くようになり、相手の考えと自分の考えはちがうことがこのごろやっとわかるようになりました。自分中心に、自分の主張ばかり押しつけていた状態がようやくなおってきたかなと自分では思いますが、妻からは「まだまだなおっていない。アウェアには一生通ってなさい」と言われます。妻はまだまだ回復してないんだなと、それだけひどいことを11年間やっていたんだなと思い、それは受け止めて、11年間アウェアに通うぐらいの気持ちでがんばっていきたいと思っているところです。

　そういう状況ですので、ここで皆さんに語れるような立場ではまだないのですが、ぜひとも皆さんにお願いしたいことが2つあります。
　まず、今被害を受けている女性の方がいらしたらすぐに逃げてください。私と同じように、相手がそれをなおすのはかなり時間がかかると思います。何十年もかかるかもしれません。ですからまず逃げてほしいと思います。

　2つ目に、特に男性の方に伝えたいんですが、DVをやっていること

に気がつくのはなかなかむずかしいとは思うんですが、ＤＶの怖さというのは、自分の気がつかないうちにどんどんエスカレートしてしまうことなんです。ＤＶは根が深い問題ですし、被害者に与える心の傷は計りしれないものがあるので、まず、とにかく自分がＤＶをしていることに早く気づいてほしいと思います。

　報道の方もいらしているので、ぜひお願いしたいのですが、からだへの暴力だけがＤＶだというようなイメージの報道が多いので、言葉による暴力や経済的暴力もあることをぜひ報道してください。そして普通の男性たちにはぜひ、自分の行動がＤＶに当たらないか、自主的にチェックしていただきたいと思います。私は自分のことを「一生犯罪者」だと思っていますので、ほかの人に同じことをしてほしくないと強く思います。最後に本日こういう場を設けていただきまして、ありがとうございます。

（注4）タイムアウト：怒りの感情がわいたときＤＶを避けるためにその場を離れること。1時間以内に戻ることが前提。その間に自分がクールダウンするため、前向きなことを自分に語りかける（独り言を言う）。例えば、「この場で自分が正しいことを証明する必要なんてない」とか「怒るか落ち着くかは自分次第だ」など。

3　ＤＶは犯罪

　2001年にＤＶ防止法ができました。この法律の前文には「ＤＶは犯罪となる行為である」という言葉があります。この法律によってはたしてＤＶがほんとうに犯罪として扱われるようになったでしょうか。日本より40年以上前から、社会がＤＶを「犯罪」として扱っている国の1つである米国で、ＤＶをして逮捕された日本人男性がアウェアのプログラムに参加し、前述の男性たちが語る会で、次のように体験を話しました。

サトウさん

　私はＤＶの犯罪者です。私がアウェアに参加することになったのは、米国で妻に暴力をふるって逮捕されたからです。日本では当時、ＤＶに対する認識があまりなく、夫婦ゲンカの延長と見られていました。私もそう考えていましたから、すぐ釈放されるだろうと軽く考えていました。ところが、米国では、ＤＶは重犯罪で、強盗などと同じか、それ以上の重い犯罪として扱われます。10日近く拘留されて裁判まで受け、次のような判決が出ました。

1．52回のＤＶ加害者更生プログラムに参加すること。
2．3カ月に1度、参加状況のレポートを保護観察局に提出すること。
3．10時間の慈善活動を行ない、活動内容を裁判所へ提出すること。
4．罰金620（米）ドルを払うこと

　そのうち120ドルが現地の警察署へ行く罰金で、日本で交通違反をしたときの罰金と同じようなものです。残り500ドルはＤＶ被害者支援の施設、例えばシェルターなどへの寄付になるとのことでした。これらを行なうことが条件で、執行猶予3年という判決を言い渡されました。

　私は現地で弁護士を雇ったのですが、その費用が1万ドル（当時の約100万円）もかかりました。その弁護士から検察側の求刑は禁固2年だと言われましたが、上記の1から3を日本で実行するということが認められ、なんとか帰国してアウェアに参加しました。当初、なぜこのような目に遭わなければならないのかと思うだけで、とりあえず52回通うことしか考えていませんでした。私はアメリカで逮捕される前、5年間ぐらいＤＶをしていました。逮捕されたときはショックでした。でも逮捕されてよかったと今は考えています。逮捕されなければ、今でもＤＶを続けていると思いますし、エスカレートすることで妻を苦しめて、しまいにはどちらかが相手を殺すような大きな事件になっていたかもしれません。日本にはＤＶ防止法がありますが、加害者を逮捕するとか更生義務を科すような仕組みがありません。加害者更生プログラムは、

加害者が変わり、社会からＤＶがなくなっていくきっかけになるのではないかと思います。

　なぜ男性たちがこのように人々の前で話をするかというと、私が次のように男性たちに言っているからです。「皆さんはパートナーに対して山のような責任があります。でも実は、社会に対しても責任があります。社会が税金を使って被害者支援などをしています。皆さんは社会に迷惑をかけているから、その責任を負っているんです。責任のとり方の1つとして、メディアから取材依頼がきたら応じたり、講座で人々の前で自分がしたＤＶのこと、気づきや学びなどについて話したりする方法があります。社会からＤＶをなくすために、ＤＶを知らない人や誤解している人、特に気づいていない加害者や被害者に向けて、皆さんからメッセージを発信ください。いつかそうやって社会に対する責任を果たしてほしいと、私は皆さんに期待しています」

　彼らは私の期待に応えて人々の前で話してくれましたが、変わり切った人は1人もいません。変化の途上の人ばかりですが、それぞれの変化のステップで、わかったことを話してくれました。毎回、参加者には、被害者、その支援者、加害者、その家族などさまざまな人がいたようです。

4　ＤＶは「力と支配」

　ＤＶとは英語の Domestic Violence の頭文字をとったものです。ＤＶの定義は、アメリカ合衆国司法省（Department of Justice）のサイト（http://www.justice.gov/ovw/domestic-violence）に次のように記載されています。

　　We define domestic violence as a pattern of abusive behavior in any relationship that is used by one partner to gain or maintain power and control over another intimate partner. Domestic violence can be physical, sexual, emotional, economic, or psychological actions or threats of actions that influence another person. This includes any behaviors that intimidate, manipulate, humiliate, isolate, frighten, terrorize, coerce, threaten, blame, hurt, injure, or wound someone.

「ＤＶとは、それがどのような関係であれ、親密な関係の相手に対して力や権力をもち、相手を支配し続けるためにその力を使って繰り返し行う虐待行為である。ＤＶは、身体的、性的、感情的、経済的暴力、あるいは心理的攻撃や脅威など、相手に影響を与える行為である。これらには相手を威圧する、ごまかす、恥をかかせる、孤立させる、怖がらせる、威嚇する、強制する、おどす、責める、感情を傷つける、けがをさせる、誰かを傷つける、などのあらゆる行為が含まれる。」

「どのような関係であれ」とは、「異性間であろうと同性間であろうと、大人であろうと10代の若者であろうと、婚姻関係であろうと離婚した関係であろうと、同棲中であろうとデート中であろうと、その形態に関係なく」という意味です。

ＤＶは「力と支配」です。「力による支配」とも言えます。支配とは「自分の思い通りに動かす」ことです。暴力をふるったりどなったりすること自体が目的ではありません。相手を「支配する」ことが目的です。力は手段です。あらゆる種類の力の中からそのつど選択して、繰り返し使うのです。効果があると知っているからです。たとえ知らずに続けたとしても同じことです。相手を同じように苦しめて、「支配する人」と「支配される人」の関係をつくるからです。

殴る、蹴るなどのからだへの暴力はわかりやすいと言えるでしょう。でもどんな行為でも力になります。相手の目の前で怒って物にあたることも力になり、支配することにつながります。物に当たっている人は、

ただ怒りの感情を物にぶつけているだけだと思っています。しかしそれを見ている人は怖く感じます。怖いから、その人の顔色をうかがうようになります。自分は、あるいは相手は「怒りっぽい性格だ」としか思わず、ＤＶに気づかなかったという当事者は多いです。また、自分の価値観や意見を押しつけたり、相手の考えを否定したり、バカにしたり、嫉妬を理由に相手の行動を束縛したりすることもＤＶです。

　もっともわかりにくいＤＶは感情的・心理的ＤＶです。加害者は、自分を可哀そうに見せて相手が同情するよう仕向けたり、罪悪感を抱くように仕向けたりしてコントロールします。卑怯で巧みな論法と話術で会話を牛耳り、わけがわからないうちに相手に「自分が悪いからだ」と思わせて結論にもっていきます。相手を洗脳して、思考を乗っ取る手口です。

　加害者はさまざまな虐待の手口をそのつど選び、複合的に組み合わせて繰り返します。さまざまな手口は関連し合って、加害者が相手に対してもつ権力や優位性が強化されます。ＤＶによって相手を自分の思う通りに従わせてしまうため、加害者はその場では満足感、達成感、優越感などを抱き、自分のしていることのひどさは矮小化（小さく軽く考えること）し、ちっとも気づきません。ＤＶは次第に２人の関係を破壊していきますが、加害者は気づかず続けます。こういうことを親密な関係の人だけにするのがＤＶです。ＤＶは「親密な関係の人への虐待」であり、最悪の形の「依存」です。

5　力と支配の輪

　この図は、人が人を支配しようとするとき、さまざまな形の暴力が互いに関係し合うことを表しています。例えば専業主婦の相手に家計費としてわずかなお金しか渡さなかったらどうなるか想像してみてくださ

1章　ＤＶってなんだろう？　35

い。やりくりが大変なだけではすみません。お金に余裕がないのでしたいことができません。実家や友だちに電話1本するのさえ躊躇します。次第に被害者は孤立していきます。経済的締めつけは精神的虐待になります。加害者はさまざまな虐待の手口をそのつど選び、複合的に組み合わせて繰り返します。

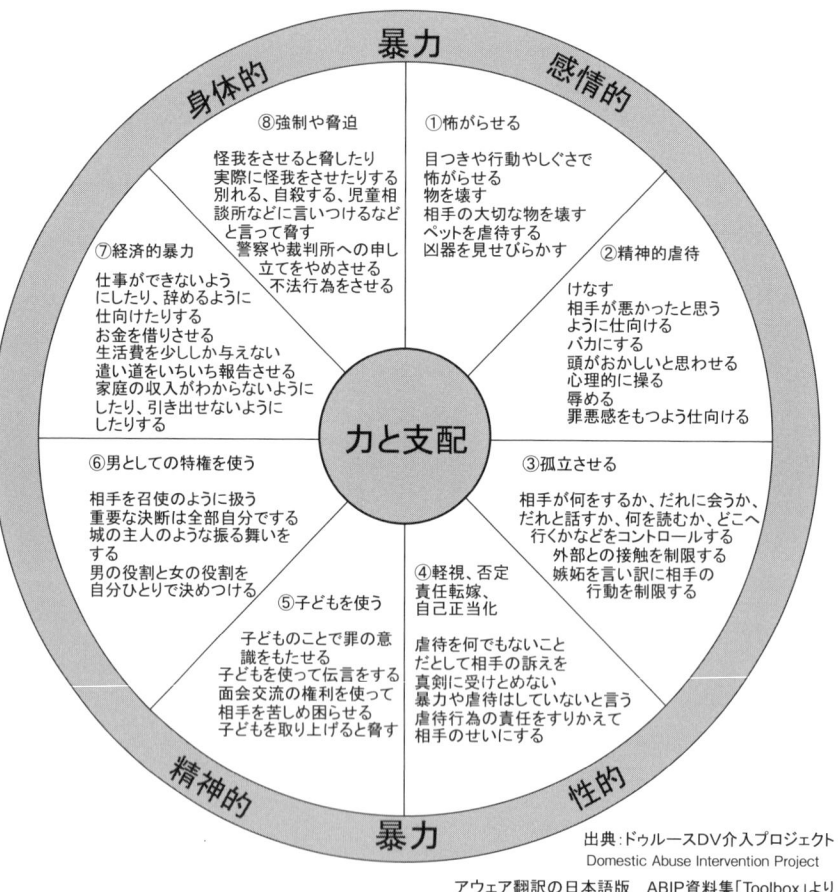

暴力

身体的 / **感情的**

中心：**力と支配**

⑧ 強制や脅迫
怪我をさせると脅したり
実際に怪我をさせたりする
別れる、自殺する、児童相
談所などに言いつけるなど
と言って脅す
警察や裁判所への申し
立てをやめさせる
不法行為をさせる

① 怖がらせる
目つきや行動やしぐさで
怖がらせる
物を壊す
相手の大切な物を壊す
ペットを虐待する
凶器を見せびらかす

② 精神的虐待
けなす
相手が悪かったと思う
ように仕向ける
バカにする
頭がおかしいと思わせる
心理的に操る
辱める
罪悪感をもつよう仕向ける

⑦ 経済的暴力
仕事ができないよう
にしたり、辞めるように
仕向けたりする
お金を借りさせる
生活費を少ししか与えない
遣い道をいちいち報告させる
家庭の収入がわからないように
したり、引き出せないように
したりする

⑥ 男としての特権を使う
相手を召使のように扱う
重要な決断は全部自分でする
城の主人のような振る舞いを
する
男の役割と女の役割を
自分ひとりで決めつける

③ 孤立させる
相手が何をするか、だれに会うか、
だれと話すか、何を読むか、どこへ
行くかなどをコントロールする
外部との接触を制限する
嫉妬を言い訳に相手の
行動を制限する

⑤ 子どもを使う
子どものことで罪の意
識をもたせる
子どもを使って伝言をする
面会交流の権利を使って
相手を苦しめ困らせる
子どもを取り上げると脅す

④ 軽視、否定
責任転嫁、
自己正当化
虐待を何でもないこと
だとして相手の訴えを
真剣に受けとめない
暴力や虐待はしていないと言う
虐待行為の責任をすりかえて
相手のせいにする

精神的 / **性的**

暴力

出典：ドゥルースDV介入プロジェクト
Domestic Abuse Intervention Project
アウェア翻訳の日本語版　ABIP資料集「Toolbox」より

男性が自分の「力と支配」を説明した言葉を紹介します。

イシハラさん

私は、妻をコントロールしたいどころではなく、「妻をコントロールしなければならない」と信じていました。コントロールしなければ、妻が失敗したり何かしでかしたりするにちがいないと心配だったんです。妻の失敗や恥は、夫である私の失敗や恥だと思っていました。支配するのは相手のためだと心底思っていました。

イトウさん

僕はストレスを職場から抱え込んで帰宅したとき、それをドサッと吐き捨てるゴミ箱のように妻を利用していました。そうしていいと思っていたし、そうされても相手は受け入れてくれるし、許してくれると期待していました。期待するというより、それが妻の義務であり責任であると決めつけていました。そうされた妻が文句を言ったり、反論したりすることはあってはならないと思っていました。ですから妻が文句を言ってきたときは、無視したり、どなって威圧したりして黙らせました。自分は妻から批判されたり、非難されたりしない権利、つまり特権意識をもっていたのだと気づきました。特権意識をもっていたから相手を支配していいと考えたのだと思います。

カトウさん

私はずっと「自分の価値観で家族を管理していないと、とんでもないことになる。家族は自分の手足のようなものなんだから、その手足が私とは違う価値観をもって、勝手に動くなんてことはありえない。勝手なことをしたときは、2度としないように厳しく教えなければならない。それが家族のためだ」と信じていました。

　このように、支配する理由として男性たちが挙げていることは全部同じことです。相手を自分の思い通りにすることが目的だということ、そ

のための手段としてあらゆる力を利用するということです。支配が目的で力は手段。「力による支配」、これがＤＶの本質です。

6　暴力の種類

　ＤＶの暴力の種類は、実はいろいろあります。からだへの暴力をはじめ、言葉による暴力、精神的（心理的・感情的）暴力、経済的暴力、性的暴力などです。面談に来た人にはまず、どのような種類の暴力をどの程度しているか知るため、次の票に記入してもらいます。

暴力の種類

　あなたがパートナーにしたＤＶ行為が下記にあったら、１つ１つを○で囲んでください。下記以外の行為は（　）内に記入してください。これはあとでパートナーに見せます。

≪言葉での暴力≫

　相手に向かってバカにした言葉や汚い言葉を言う、欠点をあげつらったり否定的なことを言ったりする、どなる、皮肉やいやみを言う、など
（　　　　　　　　　　　　　　　　　　　　　　　　　　　　　　）

≪身体的暴力≫

　相手に向かって物を投げる、唾を吐きかける、噛みつく、つかんでゆする、蹴る、部屋や家から出ないようにさえぎる、監禁する、押したり突いたりする、押さえつける、髪の毛をつかんで引っ張る、平手で顔をたたく、げんこつでなぐる、頭突きする、物を使ってたたく、首を締める、危険物や凶器を使う、タバコや熱いもので火傷させる、足をひっかけてころばせる、など
（　　　　　　　　　　　　　　　　　　　　　　　　　　　　　　）

≪精神的暴力≫
　物を投げたり壊したりする、ドアをバタンと閉める、不機嫌になったりむっつりしたりする、相手に自分はだめな人間だと思わせる、うそをつく、その場をとりつくろうことを言う、感情を見せない、無視する、自分の失敗を決して認めないで相手の言う事実を否定する、自分の態度や行動を相手のせいにする、事実をねじ曲げたり矮小化したり否定したりすることで相手を混乱させる、次にどんな行動をするかわからなくさせてびくびくさせる、相手が大切にしているものを壊す、ペットを虐待する、ひどくむら気になる、夜遅くまで寝かせない、わざと浮気をして嫉妬させる、浮気をしているだろうと相手を責める、ストーキングする、友だちや親などの前で恥をかかせる、友だちや親などに連絡させない、友だちや親などに会わせないでだんだん孤立させていく、プライバシーをもたせない、やさしくするのと虐待するのを交互にして混乱させる、「自殺する」とおどす、口論のときすぐ口をはさむ、耳を貸さないし応えない、など
（　　　　　　　　　　　　　　　　　　　　　　　　　　　　）

≪性的な暴力≫
　相手が寝ているときにセックスを始める、相手がしたがらないのにセックスを無理強いする、セックスのとき痛めつけたり侮辱する、力や暴力でレイプする、セックスに応じないと冷たくしたり不機嫌になる、いやがるのにポルノを見せる、避妊を面倒くさがる、避妊しない、セックスに応じないと浮気してやると言う、など
（　　　　　　　　　　　　　　　　　　　　　　　　　　　　）

≪経済的暴力≫
　家計の管理を独占する、お金のつかい道を細かくいちいち報告させる、最低限の家計費しか渡さない、お金が必要なときは自分の許可を取らせる、働かせない、働かせる、仕事を辞めさせる、お金のつかい道をすべて自分だけで決める、無責任にお金をつかう、賭けごとをする、相手が

離れようとしたときお金を持ち出せないようにする、など
(　　　　　　　　　　　　　　　　　　　　　　　　　　)

・ＤＶ行動の期間　（　　　　）年
・ＤＶ行動の頻度　（　　年、　カ月、　週間）に（　　）度くらい
・エスカレート　（している、　していない）

　これまで面談した人のほとんどが、複数の〇印をつけます。からだへの暴力は、相手にけがを負わせるほどの危険なことをしたという人もいれば、１度も手をあげたことがない人もいます。後者は、以前は少なかったのですが、からだへの暴力をしたら警察沙汰になると知られるようになったためか、このごろは徐々に増えています。言葉や感情的暴力など、心への暴力をいろいろやり、からだへの暴力は最後の手段だったという人もいれば、最初にからだへの暴力をやり、あとは物に当たるだけで支配したという人もいます。
　心への暴力のほうがからだへの暴力より相手に与えるダメージが小さいかというと、そういう比較はできません。いろいろな種類の暴力をふるわれたが被害者が「１番つらかったのは、暴力を私のせいにされたり、バカにされたりする精神的暴力だった」と言うのを何度も聞きました。また、からだへの暴力をふるう加害者はそうでない加害者と比べて、加害者性が強くて問題が深刻で変わりにくいかというと、そういう比較もできません。からだへのひどい暴力をした人が気づいて変わり、からだへの暴力をしていない人がなかなか変われないケースを見てきました。
　性的暴力に〇印をつける人はめったにいません。しかし、していないのではありません。虐待したあとで謝罪や仲直りのため、あるいは後味の悪さを消すためにセックスしようとすること自体が性的暴力であると自覚していないのです。

しないというＤＶ
　先に登場した男性たちの話から「謝罪する」とか「反省する」という

DVがあることはおわかりのことと思います。アウェアに来る男性たちはたいていしています。しかし、「謝罪」も「反省」もその場を取り繕うためのもので、本物ではないから、結局DVでしかありません。そして、実は「しないというDV」もあります。相手と関わらない、話さない、ちゃんと向き合わないというDVです。それによって相手の気持ちを傷つけたり、不安にさせたり、混乱させたりすることがわかっていて、相手への罰としてやる人と、わからずやる人がいます。わからずやる人は、例えば、アウェアで学んで気づき始めたり、同居に戻ることを許されたりした人で、自分がまた気がつかないうちにDVしてしまうのではないかと怖くなり、関わらない、話さない、向き合わないことでDVを防ごうとする人たちです。どちらであれ、加害者は「しないというDV」があること、それも自分が選んでいること、それは問題解決につながらないことに気づかなければなりません。

7　DVのサイクル

　ある男性が次のように言いました。「私は3カ月に1回はDVをしていました。そのときは反省し、1〜2カ月は何もなく過ごすのですが、しばらくするとイライラし、怒り、爆発し、DVをするというサイクルがありました。私が変わるのではと期待するパートナーの優しさにつけ込み、暴力と謝罪を繰り返しました」
　この男性をはじめ多くの加害者が次のようなDVのサイクルをつくりだし、相手をそれに引きずり込んでいます。

（1）緊張期
　ふたりの間に緊張が高まり、加害者はイライラし、被害者は加害者の顔色をうかがいビクビクしながら過ごす時期です。
（2）爆発期
　緊張が頂点に達する時期です。あらゆる暴力が表出し、周囲にも認識

しやすい状態です。

（3）ハネムーン期（蜜月期）

　暴力がない時期です。加害者は反省したり、泣いて謝罪したり、優しくなったりします。もう2度としないと約束したり、プレゼントをしたりすることもあります。

　これを「DV（暴力）のサイクル」と呼び、DVの多くのケースが、上記の「緊張期」「爆発期」「ハネムーン期」を繰り返します。加害者は常に暴力をふるったり怒ったりするわけではなく、ハネムーン期のように被害者に優しくしたり、普通に接したりする時期もあるため、被害者は混乱します。被害者はハネムーン期の相手が本当の姿だと信じたい気持ちになり、ようすを見ようとしたり、離れることをためらったりしがちです。ただし、このサイクルに当てはまらないケースもあります。「緊張期」と「爆発期」を行ったり来たりするだけの場合もあるし、DVがエスカレートしてハネムーン期がなくなったり、サイクルの周期が短くなったりすることもあります。これらのケースは危険度が高い、あるいは高まっていると見る必要があります。

　アウェアでは、当事者2人に別々の面談でこの図を見せて、当てはまっているかどうか、特にハネムーン期があるかどうか訊ねます。当てはまっている場合は、その時期があることでDVをするほうはどうなり、

DVのサイクル

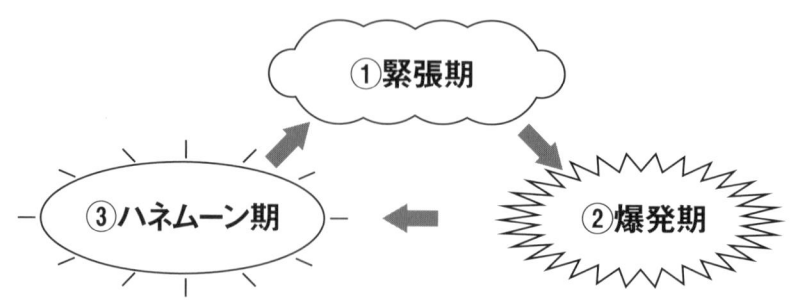

①緊張期 → ②爆発期 → ③ハネムーン期 → ①緊張期

DVのサイクル：レノール・ウォーカー・モデル 1982

されるほうはどうなると思うか訊ねます。訊ねる理由は次のようなことに気づいてもらうためです。

　ＤＶしている人は、この時期に謝ったりやさしくしたりすることで「仲直りできた」、「自分がしたことは許された」と考えて気持ちをリセットしてしまいます。加害者の頭の中では、それぞれのＤＶ行為は１回１回完結しています。しかしＤＶされた人はまったくちがいます。相手のＤＶ行為の１つ１つが忘れられないし、引きずります。相手を怖れて、許したり期待したり、不安にかられたり混乱したりして生活を続けます。その結果、被害者の力はますます奪われ、加害者の力と支配は強まります。このサイクルのせいで、被害者は気づかずに長い間がまんをしてしまいます。２人が、このサイクルがそれぞれにもたらすこのような影響に気づくことが重要です。

8　ＤＶはどのくらいおきているか

　いったい日本ではＤＶがどのくらいおきているのでしょうか。これまでにさまざまな調査が行われています。１例を紹介します。

内閣府の調査
　内閣府は３年ごとに男女間における暴力に関する調査をしています。
・2011年（平成23年）に実施した調査では、配偶者からの被害経験を男女別にみると、被害経験があった女性は32.9％、男性は18.3％となっています。被害別の経験でみると、"身体的暴行"は女性が25.9％、男性は13.3％、"心理的攻撃"は女性が17.8％、男性が9.5％、"性的強要"は女性が14.1％、男性が3.4％となっています。いずれの行為も、女性のほうが被害経験者の割合が高くなっています。女性の、３人に１人が配偶者からの被害を受けたことがあり、10人に１人は何度も経験していて、約20人に１人は命の危険を感じたことがあるという結果です。

・2014 年の調査では、女性の、約 4 人に 1 人が配偶者からの被害を受けたことがあり、10 人に 1 人は何度も受けていて、被害を受けた女性の約 9 人に 1 人は命の危険を感じた経験があるという結果です。

警察庁の統計（「男女共同参画白書　平成 27 年度版」より）
　2014 年度（平成 26 年）の配偶者からの暴力事案等認知件数は約 6 万件で、ＤＶ防止法施行後最多となっています。配偶者間における暴力の被害者は多くの場合女性であることが明らかになっています。検挙した配偶者（内縁関係を含む）間における殺人、傷害、暴行事件は 5807 件であり、そのうち 5417 件（93.3％）は女性が被害者となった事件です。

ＤＶ相談の統計（「男女共同参画白書　平成 27 年度版」より）
　2013 年（平成 25 年）度に全国の配偶者暴力相談支援センターに寄せられた相談件数は約 10 万件で、毎年増加しています。

　どの調査結果を見ても、ＤＶが広範に、頻繁におきていて、私たちの身近かな問題であることがわかります。警察庁の統計によると、傷害と暴行事件の被害者の 9 割以上が女性であるにもかかわらず、毎年 100 件ほどおきている配偶者間での殺人事件では、女性が被害者となる割合は約 6 割に減ります。つまり女性が加害者となる割合が大幅に増えるのです。これはどういうことかというと、繰り返しＤＶをされてきた妻が、「殺さなければ殺される」というほどに追いつめられて、確実なやり方で夫を殺す事件がおきているからだと考えられます。

　サーズやエボラ出血熱では、死者どころか感染者が出ただけで社会が大騒ぎするのに、ＤＶによる死者が年間これだけいることになぜ社会が騒がないのか不思議です。米国では、ＤＶは「パブリック・ヘルス（公衆衛生）」の問題であると言われ、健全な社会作りにＤＶの撲滅は欠かせないとして、長年社会的な取り組みが続けられています。日本ではそういう視点が欠けているように思います。

なお、米国のＤＶへの取り組みについては、著書『ＤＶ　あなた自身を抱きしめて―アメリカの被害者・加害者プログラム』（梨の木舎）で詳しく紹介していますのでご覧ください。

9　デートＤＶ

ＤＶは大人だけの問題ではありません。若い人たちの間にもおきています。デート相手にするＤＶなので「デートＤＶ」と呼びます。「デートＤＶ」という言葉と概念は、2003年に私が『デートＤＶ　相手を尊重する関係をつくる』（梨の木舎）で日本に紹介しました。デートＤＶとは、交際相手に対して心とからだへの暴力をふるうこと、相手を自分の思い通りにコントロールすることです。事例を紹介します。

ある日、19歳の青年がアウェアにきました。3歳年上の働いている彼女へデートＤＶをしてしまったそうです。彼がどんな理由でどんな暴力をしたか、2つのエピソードで紹介します。

デートＤＶの場面　①
「彼女といっしょに友だちと飲んでから、彼女の家に行ったとき、僕は無性にお茶漬けを食べたくなりました。でもなかったので怒り、彼女を蹴ってしまいました」
　読者の皆さん、このとき彼はどんなことを考えたと思いますか？
　そもそも彼はこう考えているのでしょう。「彼女は僕の恋人。僕たちはセックスまでしている親密な仲。だから彼女は僕のあらゆる欲求を満たしてくれるはずだ。僕の肉体的欲求、精神的欲求、感情的欲求、性的欲求などすべての欲求を満たさなければならない人だ。その役割を彼女が果たさないときは『やらないおまえが悪い！』と言って蹴って罰していいんだ。そうして何が悪い。悪いのは彼女だ」

デートDVの場面　②

「頼まれた時間に彼女を職場に迎えに行ったとき待たされました。僕はイライラしてしまい、彼女の家に行ったとき、怒って彼女にジュースをかけてしまいました」

なぜそんな怒りを感じたのか聞いたら、「彼女に、仕事と自分が天秤にかけられているように感じた」と言いました。そして「仕事を優先した彼女を許せない」と思ったのだそうです。彼はお茶漬けを切らしていたことで怒ったときと同様に、あとで人の見ていないところでジュースをかけて「悪い彼女」を罰したのです。家に着くまでの間もずっと不機嫌な彼のそばで、彼女は恐怖と不安と罪悪感にさいなまれていたことでしょう。

このように暴力行為は、自分の思い通りに動かない相手を罰するためにすることが多いのです。そうやって自分の思い通りに相手を動かそうとするのです。事実そうなります。彼女はお茶漬けを切らさないようにするでしょう。彼をけっして待たせないようにするでしょう。彼が怒ると怖いことがわかったので、怒らせないように顔色をうかがうようになるでしょう。そうやって「支配する・支配される」関係ができあがっていきます。

デートDVについて関心のある方は、アウェアのほかの著書と訳書もご覧ください。
・『愛する、愛される－デートDVをなくす・若者のためのレッスン7』（梨の木舎）
・『デートDV　防止プログラム実施者向けワークブック』（梨の木舎）
・『恋するまえに　デートDVしない・されない　10代のためのガイドブック』（バリー・レビィ著　梨の木舎）（共訳）
　これらのほかビデオもあります。
・『デートDV　相手を尊重する関係をつくる』アウェア制作

10　デートDVはどのくらいおきているか

　デートDVが若者の間で実際にどのくらいおきているかを明らかにするために、これまでさまざまな調査が行われてきました。どの調査結果を見ても、デートDVが若者たちの身近な問題であることがわかります。内閣府とアウェアが行った調査結果を紹介します。

内閣府調査
　2014年（平成26年）の「男女間における暴力に関する調査」によると、交際相手から"身体的暴行""心理的攻撃""性的強要"のいずれかを、10歳代から20歳代のときに交際相手からされたことが「あった」人が全体では14.8％で、女性では19.1％、男性では10.6％となっています。性・年齢別にみると、男女ともに20～39歳で被害経験が多く、特に、女性は3割を超えています。交際相手から何らかの被害を受けたことのある人に、その行為によって命の危険を感じたことがあるかを聞いたところ、「感じた」は女性では25.4％、男性では12.0％となっています。

　また、女性で交際相手からの被害経験がある人では、配偶者からの被害経験もある人が50.0％となっているのに対し、交際相手からの被害経験のない人では、配偶者からの被害経験がある人が23.7％となっています。

アウェアによるコメント：この数字から、デートDVの被害を経験している人は、のちにDVの被害にも遭いやすいことがわかります。

アウェア　高校生対象アンケート調査
　アウェアは2009年に各地の認定者がデートDV防止プログラムを主に高校生を対象にして実施した際、「デートDVに関して若者のもつ意識調査」を行いました。約2500人からアンケートを回収した結果、「これまでに交際したことがある人」の中で、デートDVの被害経験がある女子生徒は5人に1人（22.6％）、男子生徒は11人に1人（8.9％）いる

ことがわかりました。具体的にした・された行為としては、「相手のメールをチェックする」、「ほかの友人との付き合いをいやがる」などの「行動の制限」や、「バカにしたり、傷つくようなことを言ったりする」などの「精神的暴力」を約半数が経験していて、たたかれたりする身体的暴力は3分の1の人が経験しています。また、「性的なことを無理強いしたことがある」という回答者は12.1％であったのに対して、「性的なことを無理強いされたことがある」という回答者は約2倍の25.6％にのぼり、加害者と被害者間の認識の差が大きいことがわかりました。被害をうけても半数がどこにも相談せず、また、相談したのは友人であったというケースが圧倒的に多いこともわかりました。

　さらに「男性にセックスを求められたら、女性は愛情があるなら少々イヤでも応じるべきだ」、「数回デートしたら『相手は自分のものだ』と思っていい」などという考え方を5人に1人が支持していることから、デートDVに結びつきやすい考え方を多くの若者がもっていることがうかがえます。なお、「男性にセックスを求められたら、女性は愛情があるなら少々イヤでも応じるべきだ」という考え方を支持する男性は5人に1人、女性は7人に1人で、女性より男性に多く見られました。また「数回デートしたら相手は自分のものだと思っていい」を支持するデートDV加害経験者は3人に1人、未経験者は6人に1人で、そのような考え方をしているとデートDVをすることにつながると言えます。

　アンケートには自由記述欄を設け、身の回りのDVついての経験を書いてもらいました。その一部をコラムで紹介します。なお、調査報告の詳細に関心のある方はアウェアのサイトをご覧ください。

11　デートDVの「力と支配の輪」

　デートDVも次のように「力と支配の輪」で表すことができます。
　DVのある関係とは、相手より優位に立つことを望む側がつくる不平等で不健康な関係です。片方が、2人の間にある力の差を利用して相手

アンケートに書かれたデートDV・DV

アウェアが実施したアンケート調査（2009）
- 友人が彼氏に暴力を振るわれたが、別れないでいる
- 友人が彼女に援助交際しろと言っていた。彼女は断っていた
- 友だちが彼に殴られて、白目が真っ赤になって顔が変わっていた。彼は捕まらなかった
- 友だちが彼に別れを告げたら、髪を切られて殴られた
- ケンカになり車から突き落とされた
- 友人が別れ話をしたらレイプされた
- 監禁する。押さえつける。家についてくる。監視される。
- 友だちはアザをつくられたり、タバコを腕で消されたりしたらしい
- お金を貸したのに、返してくれない。貸すよう強要された
- 友だちは腕、足、あざだらけ。水着になれなかった
- ひどいことをしたあと、急に優しくした
- 彼女に自分以外の友だちと話をすることを許さなかった、というのを聞いた
- ケンカして携帯を投げて壊された
- マンションのベランダで女の人が叫んでいた
- 自分以外の異性のメールアドレスを消させる
- 友だちで断りきれずに（セックスを）やっちゃった子がいた
- 私とずっといっしょにいたいから中で出すとか言われ、やめといっても、出された。今さらながらくやしい
- 友だちが、お腹に赤ちゃんがいるのに彼にお腹を蹴られた。友だちとメールも電話も遊ぶのもだめで、軽く監禁されていた
- 束縛する彼女をもつ友人がおり、1日に決まった時間に連絡をしなくてはならないし、他の異性と話すことさえ許されなかった
- 付き合っていた人と別れようとしたら「自殺する」と言われた
- 先輩の話。彼女がセックスに応じないと、彼が彼女に酒を飲ませ、酔ってどうでもよくなったところで、セックスを強要する

をコントロールする関係です。片方が相手を怖がって言いたいことを言えなくなっている関係です。加害者は自分の行動を相手のせいにして責めます。被害者も自分のせいだと考えて自分を責めます。ＤＶする人は、相手を対等・平等な人として尊重しないからＤＶするのです。デートＤＶも人権侵害、犯罪であり虐待です。

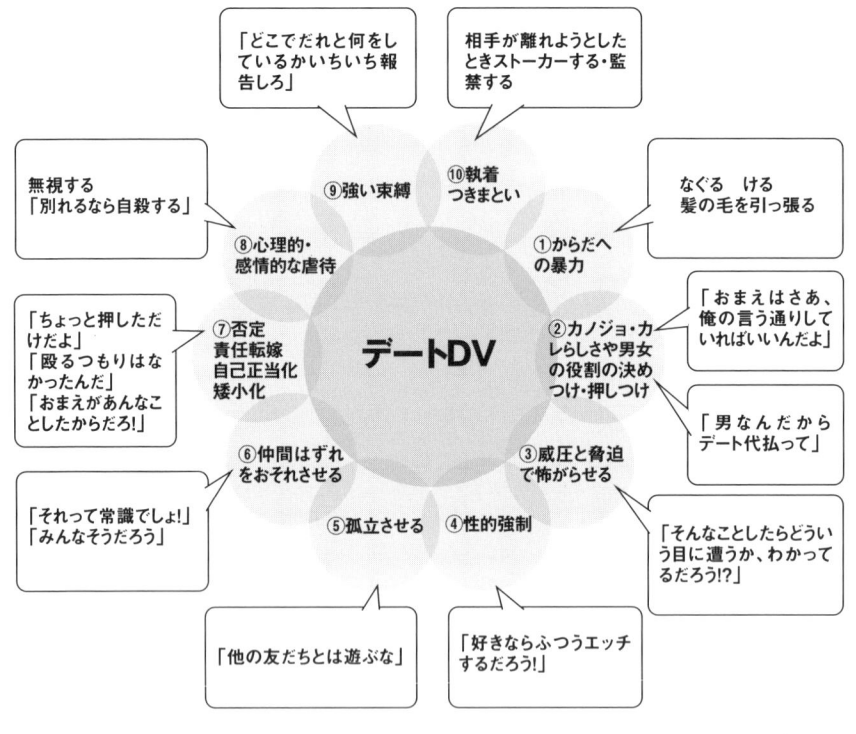

デートDV（花びら図）

①からだへの暴力：「なぐる　ける　髪の毛を引っ張る」
②カノジョ・カレらしさや男女の役割の決めつけ・押しつけ：「おまえはさあ、俺の言う通りしていればいいんだよ」「男なんだからデート代払って」
③威圧と脅迫で怖がらせる：「そんなことしたらどういう目に遭うか、わかってるだろ!?」
④性的強制：「好きならふつうエッチするだろ!」
⑤孤立させる：「他の友だちとは遊ぶな」
⑥仲間はずれをおそれさせる：「それって常識でしょ!」「みんなそうだろう」
⑦否定　責任転嫁　自己正当化　矮小化：「ちょっと押しただけだよ」「殴るつもりはなかったんだ」「おまえがあんなことしたからだろ!」
⑧心理的・感情的な虐待：無視する　「別れるなら自殺する」
⑨強い束縛：「どこでだれと何をしているかいちいち報告しろ」
⑩執着　つきまとい：相手が離れようとしたときストーカーする・監禁する

© アウェア　デートDV防止プログラム

12　DVとデートDV

　米国でのＤＶの定義には、「大人または（10代の）若者が、その配偶者や恋人など親密な関係にある者に対して、身体的、性的、心理的、経

済的攻撃や強制を含む暴力を繰り返しふるうこと」というものもあります。原文は次の通りです。

Domestic Violence is a pattern of assaultive and coercive behaviors, including physical, sexual, and psychological attacks, as well as economic coercion, that adults or adolescents use against their intimate partners.

これは、私が2000年から2001年にかけてＤＶ加害者プログラムについて学んだ、カリフォルニア州のＤＶ加害者プログラム連絡協議会（ABIP: Association of Batterers' Intervention Programs）が発行したＤＶ加害者プログラム教材集『Toolbox』に載っています。この『Toolbox』は、アウェアがABIPより許可を得て翻訳し、日本語版を作りました。

つまりＤＶもデートＤＶもその行為は同じだということです。大人の場合、ＤＶを始めるきっかけは、結婚したとき、特に相手が姓を変えたことで自分のものになったと感じたときや、妊娠や出産で相手の関心が自分に向かなくなったと感じたときなどが多いようです。若者の場合は、セックスすることで相手を自分のものになったと考えたり、親密な関係になったと勘違いしたりして、相手への支配と依存が始まることが多いようです。ＤＶをする若者は、相手を独占したい、自分のことだけ見ていてほしい、自分のことを認めてほしい、わかってほしいといった欲求を相手に押しつけ、欲求が満たされないと力を使って相手を自分の思い通りに動かそうとします。しかし「愛しているから」、「愛されているから」と、どちらも勘違いしているので気づけません。また多くの若者が「相手を独占することが愛することだ」「付き合うことは束縛したりされたりすることだ」など、恋愛や交際についてゆがんだ価値観を学んでいるため、デートＤＶがおきていることに当事者も周りの若者もなかなか気づけません。

1章　ＤＶってなんだろう？　51

13 デートDVの特徴

　ＤＶもデートＤＶも加害者のしていることは同じであり、相手に与えるダメージや影響なども基本的に同じですが、デートＤＶは主に若いカップルの間でおこり、ＤＶとはちがった次のような特徴があります。

1.「嫉妬は愛の証」と考えて束縛や暴力などの理由にしがち
2. カップル幻想をもちがち
　「カノジョ・カレをもたなければ周りに認めてもらえない」と考えがち。そのためデートＤＶがおきても「相手がいないよりマシ」と思い込んで離れない。
3. ピア・プレッシャー（注5）を感じがち
　「性的関係をもってはじめてカレ・カノジョになる」という考えなどを仲間同士で押しつけがち。
4. 恋愛についての思い込みが強い
　愛をロマンチックで劇的なものだと思い込んでいるので、暴力などとんでもないことがおきても「これは愛だ」と思い込みがち。
5. 相手を束縛することや独占することが付き合うことだと考えがち
6. 暴力容認度が高い
　暴力は愛情表現だと思い込む。おとなに比べて若者のほうが日常的に暴力表現を目にすることが多い。
7. ジェンダー（カレ・カノジョ役割の期待と縛り）にとらわれているが自覚していない
　ジェンダー意識は男性のほうが女性より強い。（前述のアウェアの意識調査結果より）
8. 被害者に「相手を悪者にしたくない」という気持ちが強い
　「相手にもいいところがある」「自分のほうが悪かった」と考えて庇いがち。相談した人が加害者を批判したり否定したりすると、被害者は2度と相談したくないと思ってしまう。

9. 性的暴力（避妊しないセックスを含めて）がおきがち

　だが、被害者自身が被害を自覚しにくい。その結果、10代での妊娠、それが理由の学校中退、人工妊娠中絶件数などが増えている。

（注5）ピア・プレッシャー：仲間から受ける"みんなといっしょにしろ"という圧力

14　デートDVへの対応

　デートDVの被害者を支援する際には、このような特徴を知ったうえで対応する必要があります。しかし、デートDVの当事者とその保護者への対応にはむずかしい点があり、アウェアには高校の養護教諭などからの相談がきます。デートDVには教職員が1人で対応するのでなく、管理職を含めて学校全体で対応する必要があります。しかし、デートDVが学校の問題であり、社会の問題であることを理解していない人々（特に管理職）が多くいて、実際に事件がおきると当事者生徒の担任や養護教諭などが困ってしまうようです。また、高校は男性の教職員が多いため、加害をした男子生徒を庇う対応をしがちで、被害を受けた女子生徒が登校できなくなったり、転校したりするような理不尽なことがおきているようです。

　2人が同棲していなければDV防止法が適用されないという問題もあります。DVとデートDVの被害を区別しない米国では、社会による被害者支援に線引きはしません。例えば、カリフォルニア州では10代の若者が交際している相手から被害にあっていれば、たとえ保護者の同意が得られなくても、被害者支援団体のスタッフのサポートで裁判所に保護命令（接近禁止命令）を申し立てることができます。被害は被害ですから、それがあたりまえだと私は思いますが、残念ながら日本ではまだそうなっていません。

　デートDVの対応について詳しく知りたい方は、アウェア発行の『デ

ートDV対応の手引き』をご覧ください。（注文はアウェアまで）

15　デートDVとストーカー

　殺人事件までおきているストーカーについて触れておきたいと思います。2000年にストーカー規制法が施行され、「ストーカー行為」とは同一の相手に対し「つきまとい等」を繰り返して行うことと規定されました。2014年に全国の警察が認知したストーカー事件は約2万1000件で、被害者の9割が女性です。被害者・加害者ともに20〜30歳代が多く、当事者の関係性は、配偶者が1割で、交際相手が5割です。

　ストーカー事件はデートDVのあげくにおきているケースがあると見る必要があります。デートDVの被害者が相手から離れようとすると、離すまいとして加害者がストーカーします。結婚していなくても、いっしょに住んでいなくても、デートDVの加害者にとっては、相手の女性は自分のモノであり、自分の許可なく勝手な振る舞いをして離れていったり、別れたりすることはあってはならないのです。相手に執着してストーカー行為に及びます。その行為が相手に及ぼす影響は考えません。ストーカー行為は、被害者が相手から離れようとしたときにおきるデートDVの1つの形で、心とからだへの暴力・虐待であり犯罪です。

2章

DVは相手の人生を搾取する

1　被害に気づかない被害者

　アウェアには被害女性からの電話相談がよくきます。相談の内容で多いのは、まず「これってＤＶでしょうか？」という問い合わせです。話を聞くと、とんでもない虐待をされているのに、本人は気づいていないことがよくあります。また「私の場合、たいしたことないからＤＶじゃなくて、モラハラ（注６）じゃないかと思いますが…」と前置きして話す人もいますが、話を聞くと夫から精神的虐待を日常的にされていることがよくあります。モラハラという言葉を使って、ＤＶの精神的虐待とその被害のひどさを矮小化しています。

　精神的虐待は、被害者がたいへん気づきにくく、ほかの被害者の似たような体験談を聞いてはじめて気づき、びっくりする人がいます。例えば、子どもと外食していると、夫から絶え間なく電話がかかってきてオチオチ食べていられないといったことも、被害女性は「おかしいこと」だとなかなか気づけません。それは、自分の都合でいっしょに行かないのに、自分抜きで彼女と子どもたちが楽しく外食するのが許せないとか、母と子の距離を遠ざけたいなどという理由で加害者がする精神的虐待なのですが、被害者はそうとは気づけず、ひたすら電話がかかってきたら出る、を繰り返すのです。被害女性は、夫抜きで外食するのは悪いことだという罪悪感を抱き、そこから１歩も動けません。夫に何度も謝り、子どもにも「ごめんね」と何度も謝ります。それが子どもに悪い影響を与えることに、加害者も被害者も気づいていません。

　「彼にアウェアへ行ってもらうにはどうしたらいいでしょうか？」という問い合わせも多いです。そういう被害女性には「アウェアに行って」というお願いや説得ではまず無理だと伝えます。女性が「変わらなかったら私は離れていく」という決意と行動で迫らなければ、加害者は変わる必要性を感じません。しかし、決意も行動もチカラ（注７）が要ります。たいていの場合、被害女性はＤＶによってチカラを奪われています。そういう被害女性には、アウェアで面談を受けたうえでＤＶ被害女性プロ

グラム（詳細は後述）を受けたり、ランディ・バンクロフトさん（注8）の本を読んだりして情報を得ることで、まず自分にチカラをつけることを勧めます。

（注6）モラハラ（モラル・ハラスメントの略）：からだへの暴力はふるわず、言葉や態度でいやがらせをし、いじめること。精神的暴力、精神的虐待

（注7）チカラ：力の意味。本書では、ＤＶの本質である「力と支配」の"力"と区別する意味で使用している

（注8）ランディ・バンクロフト（Lundy Bancroft）さん
ＤＶ加害者専門カウンセラー、臨床スーパーバイザー、監護権評定者、子ども虐待調査官などを歴任。米国マサチューセッツ州にて1000人を超える加害者のケースに関わる。ＤＶ家庭に育った10代の男性のためのグループ活動や女性の人権問題などでも精力的に活動。著書に『ＤＶ・虐待加害者の実体を知る　あなた自身の人生を取り戻すためのガイド』（明石書店）、『ＤＶにさらされる子どもたち――加害者としての親が家族機能に及ぼす影響』（金剛出版）、『ＤＶ・虐待にさらされた子どものトラウマを癒す――お母さんと支援者のためのガイド』（明石書店）など多数。

2　ＤＶが相手に与える大きな苦しみ

　ＤＶの被害を受けた女性たちの声がアウェアにたくさん届いています。アウェアでは、プログラムに参加したいという男性のパートナーには必ず会って話を聞きます。また、半年に１回、男性たちがＤＶを体験した女性の話を直接聞く機会を作ります。その声の一部を紹介します。

被害者の声

Ａさん ……………………………………………………………

　夫は私をだめな人間だと思わせました。私を片方でほめて片方でけなしました。自分の信じる価値観については絶対譲らず、身勝手

な理屈をこねて自信たっぷりに話しました。専業主婦の私には稼げないことがわかっていながら、月20万円稼いできたら生活費を渡してやると言いました。家事への対価はゼロでした。夫は避妊をしないでごまかしました。だから常に不安でした。妊娠中も体調の悪いときも、無理強いするので「これじゃレイプだ」と訴えても聞かず、「夫婦のきずなはセックスだ」と言いました。「(断る)君が悪い、僕は努力しているのに君はしていない」と言うので、「断ってはいけない」と感じました。夫は、「君がまず変われ。夫である僕を君が満足させろ」という考えをもっていました。虐待された結果、私は自尊心がもてず、自信がもてず、混乱しました。逃げ場をふさがれる思いがしました。

Bさん

夫は普段私の前では言わないことや2人で了解していることを、私の両親には「彼女は○○で困っているんですよ」などとまったくちがうことを言います。両親がいても大声で私をどなりバカにします。彼がやっていることは人間として許せない行為です。これまでのDVを思い出すと悲しくて涙が出てきます。いっしょにいるほど過去のDVが忘れられず、ケンカになると憎しみがこみあげてきてひどい言葉を言ってしまいます。生活しているんだから前に進まなきゃ…と頭と心が毎日葛藤しています。なんだか自分がしていることがわからなくなります。つらくて夜も眠れません。疲れました。心がズタズタです。

Cさん

からだへの暴力があまりなかったのでDVだと気づきませんでした。DVだという自覚をもったのはずっとあとでした。1度なぐられたら彼が手をふりあげただけで身がすくんでしまいました。彼にはそれがよくわかっていたらしく、2度となぐる必要がなかったと言いました。家事に無能だと私を責めたり、友人から私に電話がきただけでい

やな顔をしたり、子どもとでかけようとすると不満や小言を口にしました。私がコミュニケーションをとりたいと思って、思っていることを口にするだけで、彼は何かを要求されている、責められていると思ったようです。彼はセックスしないから私に不満がたまっていると勘違いし、セックスを無理強いしました。レイプ以外の何物でもありませんでした。私はフルタイムの身分の安定した仕事をもち、男性と同じ給料を稼いでいましたが、それでも夫を恐れていました。1人でやっていく自信がなくて怖かったのです。結婚の枠からはずれたら生きにくさが待っていると思っていたのです。

Dさん

8年前離婚しました。1番いやだったことは、彼とは普通に話ができないことでした。彼の機嫌をよくしておくには、彼の下に入り込んで「あなたのおっしゃる通り」という態度をとらなければなりませんでした。そうやって「それが1番安全」ということ、「自分の怒りを表わしたら危険」ということを学ぶのです。暴力をふるわれているときだけがつらいのではないのです。常に相手に合わせ、相手がどう思うかばかりを考えて生活することがつらいのです。8年たった今、怒りがこみあげてきています。当時は恐怖で怒りが出せなかったし、これまでも悲しい気持ちがいっぱいで怒りが出せませんでした。

Eさん

夫は社会的にはまともな言動ができる人なので、人間にはいい面もあれば悪い面もあるのだから彼のいい面を見ていこうと思い、「私さえ我慢すればいい」と考えるようになっていきました。それでも怒られるので、「自分の考えをもつから失敗するのだ。夫が考える通りに考えてみよう。夫ならどうするか考えることが正解を生み出す」というようにコントロールされていきました。自分の感情を押し殺すようになる

1章 DVってなんだろう？ 59

のでつらいのですが、「それではまだまだ修行が足りない」と、まるで夫に完璧に対応することが人間的に向上することであるかのように思い込んでいきました。夫のサンドバッグにされたということがあとでわかりましたが、当時は逃げる方法があるとは思えませんでした。

Fさん（デートDVの被害者）

大学生だった私たちは、付き合い始めてしばらくはラブラブな関係で、いつもいっしょに行動していました。でもそのうちわけのわからないことで毎日のようにケンカがおき、怒ると彼はどなったり、横柄な態度をとったり、バカにしたり、罪悪感を植えつけるようなことを言ったりするようになりました。でも、とてもやさしいときがあり、やさしいときの彼のことは大好きでした。デートの際、彼はいつもセックスしたがりました。私は、毎回はイヤでしたが言えませんでした。ある日、彼が「おまえには俺がいるから友だちは要らないだろ」と言って、勝手に携帯のメールアドレスを消してしまいました。また「俺はおまえがいなければ生きる意味がない。おまえもそうだろう？」と言われたとき、私はすくんでしまいました。怖かったけれど「ある」と答えたら、彼はナイフを私の足の近くに突き立てて、「外に出られない顔にしてやろうか」と脅しました。そのあと2晩軟禁されたことがあります。「逃げたら今度学校で会ったときどうなるかわかってるよな」と言われて逃げられませんでした。軟禁中、耐えられない雰囲気をなんとかするため、私からセックスしようと誘ったことがあります。そのときのことは、今でも混乱したままの記憶として残っています。今の私には自尊心のかけらもありません。自分自身がバラバラになったままのような感じです。それはデートDVの経験があるせいだと考えると、わずかでも希望がみえるようです。かつてのように健康な心の私に戻りたいです。

DVは相手からその人のもつ価値観を奪います。自分で考えて判断する力を奪います。それまでの人間関係を奪います。自信を奪います。自

尊心を奪います。自分らしさを奪います。そして「自分はだめな人間だ」という自己不信や自己嫌悪、「悪いのは自分だ」という罪悪感、将来に対しても「私は何もできない、何をやっても無駄だ」という無力感と暗い気持ちを植えつけます。

　被害を経験した女性たちが口をそろえて言うことがあります。「私を人として見てほしい」、「人間として扱ってほしい」、「私がどんな気持ちかわかってほしい」、「私だって感情をもつひとりの人間だということに気づいてほしい」などです。

　DVはしまいには、相手から「人としての尊厳」まで奪う「魂の殺人」といわれる行為です。からだも壊れていくし、それで死んでしまう人もいるし、自殺する人もいます。相手の人生を搾取し、人として破壊してしまうような恐ろしい行為を、もっとも大切であるはずの人にするのがDVです。DVの先には相手との関係の破綻・崩壊しかありません。しかし、加害者は気づかず続けるし、エスカレートすることが多いのです。DVは、最後には殺すか・殺されるかになるような危険性もある深刻な社会問題です。

3　被害者が気づいても離れられないわけ

　自分がDVの被害にあっていることに気づいても、被害者が加害者から離れない理由は次のようにさまざまあり、実際にはいくつもの理由が重なる場合が多いようです。

1　離婚したら経済的にやっていけないという不安
2　サバイバルできない（仕事がない、技術がない、お金がない、住むところがない、サポートが得られない、婚費（注9）や保護命令（注10）などの情報がない）
3　離婚することで子どもから父親を奪いたくない、子どもにとっては大切で必要な父親だ、子どもを傷つけたくない、母子家庭にした

くない、親などが離婚に反対する
4 家族は何があっていっしょでなければならないという意識、道徳観念、義務感など
5 1人になることへの恐れ
6 離れても探し出されてもっとひどい目に合わされるかもしれないという恐怖
7 親権を失うかもしれないという恐れ
8 男性への忠誠心や同情心──1人でやっていけるだろうかと心配し、気の毒に思う
9 いっしょにいて相手が変わるのを助けたいと思う
10 相手が自殺するかもしれないと恐れる
11 そんなに悪い人ではないし、もっとひどい人もいると思いたい
12 愛しているし、暴力をふるわないときはやさしい人だと思う
13 悪いのは自分で、暴力は自分が引きおこしていると考える
14 自分さえ我慢してがんばれば離婚は避けられると考える
15 ＤＶされることは恥ずかしいことで世間体が悪いからだれにも知られたくない、
16 親に心配をかけたくない
17 もう暴力はふるわないという言葉を信じたい、すべてが必ずよくなると思いたい
18 女性として、妻として完全であるためには相手が必要だ
19 自分は価値がなく、もっといい人に出会えるわけがない。だれからも愛されないよりましだ、浮気されるよりＤＶのほうがましだ、などと思う
20 男の人はこんなものだという性的固定観念
21 自己否定と敗北感──あんな人と結婚した私がバカだった、私の人生は失敗だ
22 ＤＶの被害者であることを認めることや、それが理由で離れたり離婚したりすることは自分のこれまでの人生を否定されるような気がする

被害者が離れないのを批判したり責めたりすることはできません。DVの被害の渦中にいる人にとって離れることはむずかしいことなのです。ひどい目にあいながら、相手のことを心配する被害者がよくいます。被害にあうのは、結局、忍耐強く、芯が強くてやさしいからでもあるのだろうと思います。しかし、情報を得ることでこれらの離れられない"わけ"から自由になり、離れることが選択肢になるかもしれません。特に社会による経済的支援などの情報は、離れる決意をするためには重要です。東京都の経済的支援を掲載したコラム（次頁）をご覧ください。

（注9）婚費：婚姻費用の略。別居中の夫婦の間の、夫婦や未成熟子の生活費などの婚姻生活を維持するために必要な一切の費用のこと。
（注10）保護命令：「DV防止法」に定められている。①「接近禁止命令」：6か月間被害者の身辺のつきまとい、被害者（被害者と同居している未成年の子についても可能）の住居や勤務先等の近辺のはいかいを禁じる　②「退去命令」：2か月間、被害者と住んでいる住居から退去させる。保護命令に違反した場合は1年以下の懲役又は100万円以下の罰金。

4　自分は加害者だと思い込む被害者

　加害者の夫から「おまえのせいだ」と責められ、周りの人たちからも「あなたのせいだ」と責められた被害者の中には、すっかりそう思い込んでしまい「私、加害者なんです」と言ってアウェアに相談してくる女性がいます。彼女たちは「私が彼をたたいてしまうんです」とか「私がいつもひどいことを言ってしまうんです」と言いますが、暴力に至った成り行きや日常生活の2人のようすなどの詳細を聞くと、その人は加害者ではなく被害者であることがわかります。このような女性に対応する際は、その話を鵜呑みにしないで注意深く聞く必要があります。アウェアにはこのような女性が、実際の加害女性より多く来ます。
　なお、本当の加害女性には、加害男性にあまり見られない特徴があります。彼女たちはたいてい罪悪感や後悔の念をもち、「彼に悪いことをしてしまった」と涙ながらに口にすることです。加害男性で、最初から

そういうことを口にする人は少ないです。

5　DVは子どもへの虐待でもある

　アウェアのプログラムの参加者には30代、40代の父親が多いのですが、「子どもには暴力や虐待はしていません」と多くの人が面談で言います。しかし、子どもの前で母親にDVをすることは、子どもを虐待することです。児童虐待防止法（注11）には「子どもへの虐待」であると定義されています。「子どもにはしていない」と言う加害者はそれに気づいていないのです。被害者もほんとうには気づいていないことがあります。パートナー面談で、「彼は子どもには手をあげていないのでだいじょうぶです」ということをよく聞きます。DVが子どもに与える害については、当事者もまわりの人も気づかなかったり矮小化したりしていることが多いと思います。

　2014年3月6日の東京新聞は、「暴言、子の前でDV　深刻」という見出しで、「警察庁のまとめによると、昨年1年間に全国の警察が、虐待があったとして児童相談所への通告対象にした18歳未満の子どもの数が増加し、過去最高となりはじめて2万人を超えた。心理的虐待のうち、子どもの前で配偶者に暴力をふるう『面前ドメスティック・バイオレンス（DV）』が65.3％を占めた。」という記事を掲載しています。

　「児童虐待の背景にはDVあり」という認識と、DVが子どもに与える害についての気づきが、広まることが求められています。

(注11) 児童虐待防止法：正式名称は「児童虐待の防止等に関する法律」。児童虐待の定義は（第2条4）に「児童に対する著しい暴言又は著しく拒絶的な対応、児童が同居する家庭における配偶者に対する暴力（配偶者（婚姻の届出をしていないが、事実上婚姻関係と同様の事情にある者を含む）の身体に対する不法な攻撃であって生命又は身体に危害を及ぼすもの及びこれに準ずる心身に有害な影響を及ぼす言動をいう。）その他の児童に著しい心理的外傷を与える言動を行うこと」

DV被害者の母子家庭への社会的支援

東京都の場合（2015年10月現在）

　母親がDVの被害から逃れるため、子どもを連れて家から離れた場合は、離婚が成立していなくても、1人親家庭として次のようなさまざまな社会的サービスが受けられるようになっています。詳しくはお住まいの自治体にお問い合わせください。

□児童扶養手当…要件を満たしている1人親に支給されます。月額4万1020円が上限（2人目5000円、3人目以降3000円加算）
□児童手当…（15歳到達後の3月末日まで）所得により5000円〜1万5000円　子どもの年齢や人数によって支給額が変わります。子どものいる世帯はすべて支給対象となりますが、DVで別居した場合は離婚が成立していなくても、手続きをすれば監護親に支払われます。
□そのほかの手当（東京都は児童育成手当）…子ども1人：1万3500円
□医療費の助成…1人親家庭等医療証を発行してもらえます。
□水道料金の減免…上下水道基本料金と一定の水道料金
□JR定期券代の割引…同世帯の家族は3割引きになります。
□都営交通無料パス（都営バス、都営地下鉄等）…1家族1人まで
□税金の控除（所得税、住民税等の控除）
□国民年金保険料の免除
□生活保護…個々の事情によって違いますが、大まかな目安としては家族の人数×4万円＋4万円＋家賃の扶助（地域によって上限にちがいがあります）。
　複雑な制度なので窓口にご相談ください。

6　子どもを使ったDV

　子どもを使ったDVについて、ある男性とある女性の言ったことを紹介します。

ナガタさん

　妻には、常に明るく笑顔でいてほしいと思っていました。私のDVで彼女から笑顔が減ったのですが、笑顔でいない彼女を罰しました。そのために子どもを利用しました。子どもをDVのギャラリー（ゴルフなどの観衆のこと）にしたんです。自分が彼女にDVするときは、子どもには見せないようにしました。でも、彼女がおかしくなって感情的にワーッとなったとき、それを子どもたちが見るように仕向けました。だから子どもたちは彼女を責め、僕に味方しました。

　これでは当然、子どもたちは母親を責めるようになります。別居している場合は、別居もお母さんのせいだと子どもたちが思ってしまっても不思議ではありません。子どもたちの心の傷つきは怒りとなって母親に向かってしまいます。DVが家族それぞれに残した傷つきや問題を、次のように被害者が1人で背負い込まなければならないことが多いのです。

被害者Fさんからの訴え

　夫は家庭内のルールを自分中心で決めてしまい、気にいらないと部屋に閉じこもりました。そういう父親の姿を見て育ったので、その影響で、別居しているのに子どもたちは私が家庭の生活時間を守るよう言ってもバカにしてやりません。特に息子は父親同様に屁理屈をこねて、執拗にどなり続け、そのあと部屋にこもるようになりました。私に暴力をふるうこともあります。夫からの暴力からやっと逃れたと思ったら、今度は息子から暴力をふるわれるなんて…。

その他
□家事育児支援制度、ホームヘルプサービス、ファミリーサポート
□１人親休養ホーム
□母子生活支援施設
□母子家庭自立支援給付金事業
□母子福祉貸付金
□東京都女性福祉資金
□生活福祉資金
□各自治体による返還の必要のない奨学金制度

ＤＶ被害者支援団体　エープラス『RIKONハンドブック』より引用

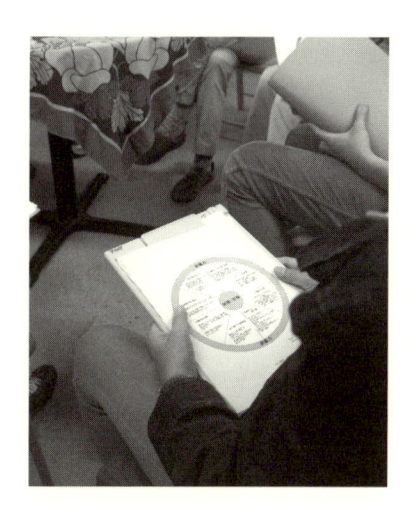

変わらない加害者は子どもに悪影響を与え続けます。しかし現実には、別居中や離婚後に、母親が拒否しても、ＤＶ加害者の父親が子どもと会うこと（面会交流の権利）が調停や裁判で容易に認められています。ＤＶが与える子どもへの害と悪影響は社会的に軽んじられています。

　一方、被害者で次のように言う人もいます。「子どもにとってはいいお父さんだから」、「子どもから父親を取り上げることはできません」、「年頃で父親の存在が必要です」、「私１人なら別居したいけれど、子どものためにがまんしています」。母親にＤＶする父親が子どもにとってほんとうに"いい父親"でありえるか、よく考える必要があると思います。同居に戻ろうとする母親に「まだ早いよ」と言う子どももいます。あとで「もっと早く離婚を決意してほしかった」と言ったりする子どももいれば、「お母さんは離婚できないことを私（僕）のせいにしている」と見抜く子どももいます。

7　子どもを虐待する加害者

　配偶者を虐待するだけでなく、子どもを直接虐待する加害者もいます。前述のランディさんは『ＤＶ・虐待加害者の実体を知る』の中で、「妻に対してＤＶをしない男性に比べて、ＤＶをする男性が子どもを虐待する可能性は７倍高いということがわかっている」と言っています。冒頭で自分のＤＶのことを語った男性のひとり（スズキさん）は子どもに対しても虐待しましたが、ほかの例として次のような人もいます。

ヤマダさん

　私は長男だけを虐待しました。例えば、次男が泣くとすぐ長男が泣かせたと思い、長男ばかりしかってたたきました。買い物中、ほしい物を買ってとせがむ長男に対して、「そんな子はうちの子じゃない」と言って泣きすがるのを強引に引き離して店に置き去りにしようとしま

した。長男が塾の宿題をなかなかやろうとしないので、そのプリントを本人の目の前で破りました。

コバヤシさん

私は妻より長男を力で支配しました。小さいときから、子どもが私の気に入らないことをするとどなったりなぐったりしました。例えば、飲み物をこぼすとか、エレベーターからさっさと降りないなど、たいしたことのないことで怒りました。私が親から同じことをされので、しつけや教育は脅しと暴力でするものだと思い込んでいました。今、長男は精神病院に入院しています。

8　子どもへの影響

　直接親から虐待された子どもはもちろんのこと、ＤＶを目撃した子どもも同じように深く傷ついて苦しんでいます。アウェアの男性グループでも、自分のＤＶの影響で子どもが問題を抱えてしまったという話がよく出ます。例えば、不登校になる、すぐキレる、万引きをする、母親をバカにする、母親に暴力をふるう、妹や弟に暴力をふるう、チック症（注12）がでる、不眠症や不安症になる、物を傷つけたり壊したりする、うつ症状になる、摂食障害になる、自尊心がもてなくて自分を大事にしない、学習面や言葉の発達の遅れ、爪を噛む、落ち着きがない、貧乏ゆすりをする、吃音になる、夜泣きする、夜尿症になる、などです。

　アウェアの加害者プログラムの参加者の１人は、自分のＤＶが、母親のお腹にいる赤ちゃんにまで悪影響を与えてしまったことを次のように話しました。「彼女が妊娠しているときもＤＶしていました。お産のとき羊水が濁っていました。お腹の赤ちゃんがストレスから脱糞したためと言われました。感染症を防ぐため入院し、しばらく退院できませんで

した。お腹の赤ちゃんにそんな影響を与えてしまっていたなんて考えもしませんでした」

　ＤＶを見て育つ子どもたちは、その経験から次のようにさまざまなまちがったことを学んでしまいます。（アウェアの加害者プログラムの教材の１つで、前述の ABIP の教材集『Toolbox』から引用し、加筆したものです。）

①力を使うとものごとはうまくいく
②暴力は問題解決の方法であってそれ自体が問題ではない
③その他の方法でほしいものが手に入らないときは暴力を使えばいい
④暴力をふるえば感情を発散し、問題を解決し、勝つことができる
⑤相手が悪い、あるいは間違っているということを伝えるのに暴力を使ってもいい
⑥力とは上から下へ働くものであり、強制力だ
⑦虐待と暴力はその人のもつ力を強化する
⑧人は愛する人をたたくものだ
⑨男性は女性に対して暴力をふるってもかまわない
⑩否定的なあきらめ（男ってこんなもんだ、女ってつまらない、など）や固定的な性別役割意識（父親は仕事さえしていればいい、母親は家事・育児をするものだ）をもつようになる
⑪親が子どもをたたくことはしかたないことだ
⑫暴力をふるう親でもあっても、自分にとって１番安全な場所はその腕の中だ
⑬怖れという感情は人間関係でよくおこるものであり、人との関係を左右する
⑭人間関係で自分から働きかけるのではなく、反撃することを覚える
⑮やさしさや思いやりは弱さの表れだ
⑯人の弱さばかりに目を向けることを覚える

このようにさまざまな危険でまちがったことを学んでしまった子どもたちは、それらを引きずって成長し、おとなになったとき、暴力のない家庭に育った人たちに比べてパートナーや子どもに暴力をふるいがちになります。ランディ・バンクロフトさんは、著書（注13）の中で「母親が虐待されている家庭で育っている男性は、そうでない男性に比べて加害者になる確率が3倍になる」と言っています。アウェアに来る加害男性たちの約半数が、育った家庭の中でDVがおきていて、前述のような悪影響を受けておとなになった人たちです。現在アウェアに通っている男性40人のうち、子どもがいる人が35人いますが、その子どもたちで4歳以上の子の約8割がなんらかの問題を抱えています。4歳未満の子どもたちは、幼くて影響が確認できないだけだといえます。
　DVのある環境で育った人がすべて加害者になるというわけではありませんが、加害者には育った家庭にDVがあった人が多いといえます。子どもは親が「言う」通りにするのではなく、親が「する」ようにします。被害を体験すると加害行為をしやすくなります。「家庭は暴力のゆりかご」（注14）であり、DVはまさに連鎖するファミリー・バイオレンスです。

（注12）チック症：突発的で不規則な、からだの一部の速い動きや発声を繰返す運動チックおよび音声チックの両方またはいずれか一方の症状を指し、一過性と慢性がある。
（注13）『DV・虐待加害者の実体を知る　あなた自身の人生を取り戻すためのガイド』（明石書店）より引用。被害者の間で好評の本。
（注14）米国で「ファミリー・バイオレンス　リサーチの父」と呼ばれるマレイ・ストラウスさんの言葉。2000年にカリフォルニア州で開催された「ファミリー・バイオレンス国際会議」の講演での発言。拙著『DV　あなた自身を抱きしめて』（梨の木舎）で紹介している。

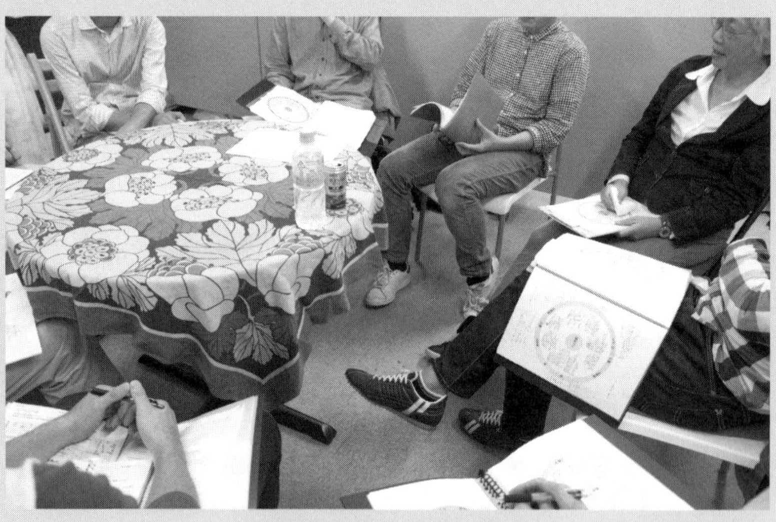

ptg
3章

DV加害者と教育プログラム

1 アウェアのプログラムの特徴

　親密な関係の相手と子どもを深く傷つけるDVという虐待行為をした責任を、加害者には1日も早くとってもらわなければなりません。責任をとることは「変わる」ということです。アウェアのプログラムはそのためのものです。

教育プログラム
　DVは、精神的な病気や性格や飲酒などが原因ではないので、アウェアの「加害者プログラム」は治療でもカウンセリングでもありません。DVを依存症や嗜癖行動とも見なしません。DVは考え方と価値観の問題ですから、加害者プログラムは教育と訓練です。加害者が過去の体験によるトラウマをもっているとしたら、プログラムを受けるプロセスでそれが癒されることもあるし、プログラムを実施する私たちはそう期待しますが、しかし、プログラムはトラウマ治療でもなければ、心理療法でもありません。加害者の更生を支援する教育プログラムです。

　アウェアのプログラムは、米国カリフォルニア州が定める加害者プログラムの内容に沿いながらも、日本の状況に合わせて独自に組み立てたものです。ファシリテーター（注15）と呼ぶプログラム実施者はこれまで私を含めてすべて女性で、現在は、DV被害のサバイバーである3人、吉祥眞佐緒さん、宗像美由さん、吉田由美さんが1つずつグループを運営しています。彼女たちはプログラムを進行する中で、自分自身の体験を語ったり、男性たちのパートナーの代弁をしたり、女性たちの多くが家や職場や社会でどんな困難や問題を抱えているかなどを話したりもします。

　プログラムの目的は次の通りです。
・DVは「相手を支配するため」に手段として「自分が選択した行為である」ことに気づいてやめること

- そのためにまちがった価値観を「学び落とす」こと（unlearn）（注16）
- してしまったＤＶによる結果に向き合ってその責任をとること（別離や別居を受け入れたり、経済的な責任をとったりすること）
- ＤＶではない他の方法を選べるよう「学び」と訓練をすること（learn）

　これらの目的に向かうにはグループで行うほうが効果的ですから、事前面談以外、プログラムは常にグループで行なっています。

　対象者は、ＤＶの問題を抱えている人で、自分を変えたいという意思をもつ人・精神疾患やアルコール依存症や薬物依存症などの問題を抱えていない人、そしてパートナー面談が可能な人です。

プログラムの参加から修了まで

　参加するための事前面談は３回行います。１回目はこれまでの経緯や生い立ちなどについて聞き、危険度の評価（アセスメント）をします。また、どのようなまちがった価値観をもっているか測るための意識チェックに答えてもらいます。２回目は「力と支配の輪」を見せて、自分がした項目に〇印をつけてもらい、ＤＶは「力と支配」であるという基本的なことがらを伝えます。同居しながら通う人もいるため、怒りのコントロールの仕方などを具体的に学んでもらいます。３回目は、「対等・平等の輪」を示し、プログラムで目指すのは「力と支配の輪」からこちらに変わることだと伝えます。グループへの参加準備として「参加のルール」の一覧を渡し、署名してもらいます。修了はパートナーの許可があるときのみであることを伝えます。

（注15）ファシリテーター：プログラムの知識と技術をもって、目的に向かってプログラムを進行する役割の人のこと。

（注16）学び落とす（unlearn）：まちがっていたり危険だったりする既得の知識や習慣に気づいてやめること。

2　被害者支援の1つの方法として実施

　アウェアは、加害者プログラムを被害者支援の1つの方法として実施していることが特徴です。そのため、参加を希望する男性のパートナー（妻や恋人、デート相手など）に必ず会って話を聞きます。そしてどうしたいのか聞きます。パートナー面談は、男性の2回目と3回目の面談の間に行います。パートナーが参加に同意しなければ男性は参加できないことにしています。

　パートナー面談は2時間ぐらいかけ、まず話を聞き、こちらからはたくさんの情報を提供します。加害者の話だけではほんとうのことはわかりません。被害者の話を聞くことではじめて、DVの事実やDVの結果である今の状況など、全体像が見えてきます。

　被害者支援は当事者主体の支援でなければなりません。支援者の敷いたレールの上を歩かせることが被害者支援ではありません。ですからアウェアは、被害者の女性にどうしたいかまず聞きます。すると、「離婚は考えられない。同居しながら通ってほしい」、「離婚はしたくないが別居は考えている」、「別居しながら通ってほしい」、「離婚をしたいが子どもの父親として変わってほしい」、「離婚したいが今の彼では受け入れてくれないだろうから通って気づいてほしい」、「早く離婚したい」、「離婚を決めているが、彼には助けが必要だから通ってほしい」、「どうしていいかわからない」など、その答えはさまざまですが、ほとんどの人が「彼に気づいてほしい」、「彼に変わってほしい」と言います。被害者が望むことに応える選択肢のひとつとして、加害者プログラムが必要なのです。

　加害者がプログラムを受けることで、パートナーに対してDVをしなくなったり、それまでの加害行動の責任をとることができるようになったりすれば、プログラムは女性への安全につながります。少しずつ気づく人はいますが、本質的に変わりきることはむずかしく時間もかかります。加害者がなかなか変わらないのに、アウェアに通っていることで、

被害者が希望を持ち続けてしまうことがありがちです。それは被害者の苦しみを引き延ばすことになってしまうかもしれないので、変わる保証はないこと、変わるとしても長い時間がかかる人が多いことなどを必ず伝えます。プログラムで学んだことを武器にしたり、参加していることを調停などで悪用したりする加害者もいるので、その危険性について、また、だからこそアウェアと連絡を取り合ってもらう必要があることを伝えます。

　被害者がケアを受けて心身ともに回復してエンパワー（注17）し、自己決定ができるようになることがなりより大切です。加害者にプログラムを受けてほしいという被害者には、相手がアウェアで学ぶ間に自分のケアをすることを約束してもらいます。そのケアとして、アウェアは「女性支援の会」（プログラムに参加している男性の妻などが対象で隔月に1回）と、「ＤＶ被害女性プログラム」（詳細は6章で紹介）を実施しています。

（注17）エンパワー：内なる力の回復。森田ゆり著『ドメスティック・バイオレンス　愛が暴力に変わるとき』（小学館、2007年）より引用。

3　さまざまなテーマで話し合うプログラム

　「ＤＶ加害者」とひと口に言っても、生い立ちも、性格も、職業も、ＤＶ行動のタイプも、気づいて変えなければならない考え方と価値観もさまざまです。100人の加害者がいたら100通りのタイプの人がいます。ですからプログラムで話し合うテーマも内容もさまざまなものが必要です。アウェアでは約100種類の教材を用意しています。教材の内容の基にしたものは、主に米国カリフォルニア州ＤＶ加害者プログラム協議会（実施者たちの会）やミネソタ州のドゥルース・プログラムなど、米国で実績をもつ団体が発行した資料などですが、そのまま使っているものはわずかです。日本の状況に合わせてアウェアが手を加えて修正した

り、オリジナルのものを作ったりしています。

　アウェアは、さまざまな教材を使って先生が正しいことを教えるところではありません。ファシリテーターは教師ではありませんから、男性たちには「先生」と呼ばないように言います。教材を進めることが重要ではなく、これらの教材を用いて、参加者がどのくらい自分のことを正直に話し、また仲間の話を聞いて真剣に自分に向き合って考えて発言するかが重要です。ファシリテーターは、参加者が自分の体験や気持ちや考えを語るよう働きかけ、参加者たち自らが答えを出していくのを促します。ファシリテーターは「なぜそのことにそんなにこだわったのですか？」、「なぜそんなに怒りが込みあげたのですか？」、「いったいそのとき何がほしかったのですか？」、「パートナーの気持ちはどうだったと思いますか？」などと質問し、また「今の発言に対するコメントは？」とか「○○さんにアドバイスしたり自分の体験をシェアしたりしてくれる人はいませんか？」などと参加者同士で質問したりコメントし合ったりするよう促します。「自分1人が変わればいいなんて思わないでください。お互いに支え合って、皆で変わっていこうという気持ちをもってください」ということを常に伝えます。このようなグループでの心的相互作用（グループ・ダイナミックス）による効果を目指します。

　プログラムはグループでの話し合いが中心ですが、ペアワークをしたり、ビデオを見て話し合ったり、DVの被害を体験した人の話を直接聞いたり、パートナーに変わったと評価された先輩を呼んで話を聞いたりすることもあります。そのほか、毎週1人ずつ順番に、チェックインといって、自分のしたDVを、言い訳はいっさいしないで読み上げ、仲間に聞いてもらいます。自分のしたDVを忘れないためです。

　パートナーの女性から彼のDVについてグループで話題にしてほしいことがある場合は、連絡してもらうことにしています。例えば、同居しながらアウェアに通う彼のことがまだ怖くて言いたいことが言えない女

性から、彼がしたＤＶの具体例とそのときの彼女の気持ちをグループで話題にしてほしいという依頼があった場合は、話し合って彼に気づきを促します。それは男性にとっても必要なことです。アウェアが被害者に対してこのような対応をすることは、参加のルールの１つであることを男性たちには面談で承知してもらい署名もしてもらいます。連絡をくれる女性の話を聞いていると、彼女に対する態度と行動が、グループで見せる男性の話とあまりにもかけ離れていることがあります。加害者の話を聞くだけでは非常に危険であることを実感する瞬間です。

　なお、グループでは自分の妻を「さん」づけで呼びます。仲間のパートナーの名前も憶えて「さん」づけで呼び合います。「妻を自分とはちがう別人格の１人の人として、対等・平等に見て尊重する」ための訓練の１つです。まず言葉を変えることも大事です。言葉は意識を変え、意識は言葉を変えます。

4　加害者になりやすいタイプはない

　アウェアに面談に来る男性たちは、ごく普通の働く男性です。年齢は30代と40代が主ですが、18歳から70歳までいます。「お父さん」がおおぜいいます。職業はさまざまです。獣医や歯科医を含めた医師。公務員も多く、国家公務員から地方公務員まで。自衛官、消防士、警察官、刑事もいます。聞きもしないのに職業は刑事だと自ら言った人に、「じゃあ、ＤＶ事件があったとき駆けつけるんですか？」と聞いたら、「そうです」と言うので、「あなたが妻にしていることは犯罪だって知っていますか？」と聞いたら、「わかっています。わかっていてやめられないから困っているんです」と答えました。さらに大企業の管理職から自営業の社長、専門職、一般的なサラリーマンまで。教師も多く、小学校の教諭から大学の教授までいます。さらに司法修習生に弁護士、牧師、僧侶までいます。牧師も僧侶も妻に激しいからだへの暴力をふるってい

ます。企業でコミュニケーション講座などの講師をするという人もいるし、精神科医、カウンセラーまでいます。まだ来ていないのが、校長、政治家、裁判官、調停員などです。職業上、社会的立場が高くて権力をもつ人は、からだへの暴力はあまりしないかわりに、論理のすり替えをしたり、心理的なワナを仕掛けたり、相手をおとしめたりして操るのが得意なことがあります。

　参加者は首都圏に住んでいる人に限りません。岩手県や新潟県や長野県など、遠くから来る人もいます。米国人や中国人など外国人もいます。日本人を妻にもち日本語ができる在日外国人たちです。ＤＶに国境はありません。文化も言葉も宗教も学歴も職業も関係ありません。
　加害者は悪魔のような人でも、モンスターのような人でもありません。いいところもいろいろもっているのに、ＤＶという深刻な問題を抱えてしまったふつうの人なのです。だれでもＤＶの当事者になりえるのです。

5　ＤＶ行動パターンのタイプ

　ＤＶ加害者になりやすい人のタイプはないことは話しましたが、加害者のＤＶ行動はいくつかのタイプに分けられます。次のタイプ分けは、ランディ・バンクロフトさんの本からの引用ですが、11〜13はアウェアが追加したものです。

1．「過剰要求男」タイプ
・僕にいろいろしてくれるのがお前の役割だ
　このタイプの行動パターンをもつ加害者の特権意識が及ぼす悪影響は、厳しくコントロールされる悪影響と同じでしょう。

2．「最高権威男」タイプ
・僕はお前よりも物事をよく知っているし、お前にとって何が最善なの

かわかっている
　話し合うつもりはなく、ただ単に自分の考えを押しつけたいのです。相手に自分はバカだと思わせて、自分を疑わせたいのです。そうすればもっとうまくコントロールできるからです。

3.「水攻め男」タイプ
・お前は頭がおかしい。おまえがいやがることを俺は知っている
　怒りが虐待の原因ではないことを証明しています。仕返しすることを重視し、むしろ「おまえのためだ」とか「目を覚ませ」といった無情な平手打ちの形をとったりします。

4.「鬼軍曹」タイプ
・お前の行動をすべて俺が管理しなければ、お前は間違える
　パートナーの生活を全面的に管理しようとします。パートナーを所有することに価値を置いているのです。重傷を負わせるほどの暴力をふるう危険性があります。精神的問題を抱えているケースがよくあります。精神的問題が虐待行動を必ずしもおこすわけではありませんが、暴力をふるう傾向を強めることがあります。

5.「繊細そうな男」タイプ
・マッチョはきらいだから僕が虐待的であるわけがない
　虐待していないときは、話し方がやさしく穏やかで、励ましてくれたりします。暴力的な行為をしたあとで、虐待ではなくて怒りだと主張し、感情的な「問題」のせいにしたりします。

6.「プレイボーイ」タイプ
・女性が僕に惹きつけられてしまうのは、僕のせいではない
　慢性的な不貞はそれ自体が虐待行為です。女性を尊重すべき人だと見ることができず、遊びの対象としてしか見ません。どのような影響を与えることになるか考えずに、女性を利用してスリルを楽しんでいるのです。

7.「ランボー」タイプ

・強くて攻撃的なのはいいことだ。

　パートナーに対してだけでなく、だれに対しても攻撃的です。このタイプには、育った家庭などで暴力をふるわれた経験のある人が多いでしょう。安全に感じるためには、だれよりも強くたくましくなるしかなく、やさしさなどもってはいけないと学んでいます。

8.「被害者男」タイプ

・僕は不当に扱われ、ひどい苦労をしてきたから自分の行為に対する責任はない

　すべてが彼の心の傷を中心として展開し、いつでも自分が注目の的であるように仕向けます。被害者ぶるのがコントロールするのに効果的なのを知っているからです。

9.「テロリスト」タイプ

・俺に反抗したり俺のもとを去ったりする権利はお前にはない。お前の命と人生は俺が握っている

　最悪な点は、殺すことさえできるとパートナーに常に感じさせることです。子ども時代にひどい虐待を受けている可能性が高いでしょう。

10.「精神障害あるいは依存症を持つ男」タイプ

・精神障害あるいは依存症の問題を抱えているので自分の行為に責任はない

　こういう問題をもっている加害者は、実質的に変化することはありません。この障害は虐待行動に関係がありますが、加害者の数パーセントにしかみられません。

11.「尊敬しているつもり」タイプ

・彼女は母親のように僕のことを世話して受け止めてくれる人でなければいやだ。僕の価値観に合わせてくれないときは虐待して罰したってか

まわない。でも僕は妻を尊敬している

　相手をほんとうに尊敬していたらＤＶはしないし、ＤＶしていながら相手を尊敬しているなんてありえません。

12.「自己防衛」（被害妄想・過剰反応）タイプ
・彼女にはけっして負けたくない。口論で負けそうになったら何らかの方法で負かしてやる。自己防衛して何が悪い。自己正当化したって、それは正当防衛で虐待じゃない

　自分の価値観で相手の言動を評価したり、批判したり、軽んじたりしています。自己防衛・正当防衛なら虐待してもいいという確信がＤＶ行動をさせるのです。先制攻撃が最善の防衛方法と考えているのでしょう。このタイプは人からどう見られるか大変気にします。自分に自信がないから権威を保とうとしたり、彼女やまわりの人に対してコンプレックスをもっていて、それを隠そうとしたりしてＤＶする人が多いでしょう。

13.「品行方正」タイプ
・僕は正しいことをこんなにがんばっているのに、あなたはなぜがんばれないんだ

　このタイプには完璧主義で努力家が多いでしょう。正しい自分がパートナーを導いてあげるのだという意識をもっています。ＤＶしていることをパートナーに指摘されると、さらに品行方正になったりします。自己正当化と責任転嫁を大いにしますが、巧妙にするのでパートナーは混乱します。からだへの暴力はあまりしないかもしれませんが、相手に与えるダメージは大きいでしょう。

　アウェアの参加者のほとんどが9と10以外に当てはまり、さまざまな面が混ざり合った行動をしています。たまに学習障害をもつような人がいます。そういう人は、気づくことも、変わることも、グループの話し合いに加わることもむずかしいことがあります。アウェアの参加のルールには、グループ・ワークに悪影響を及ぼす場合はやめてもらうこと

になっているので、そういう人にはやめてもらうこともあるし、自らやめていくこともあります。加害者のこのような行動のタイプを知ることは、特に被害者にとってDVを見抜くために有効な情報ではないかと思います。

6　参加のきっかけ

　彼らは妻を憎んだり、きらったり、離婚したいと思っているわけではありません。そういう人もいますが少ないです。妻に対して怒って「離婚だ！」とか「おまえなんか実家へ帰れ！」と言ったとしても、それは脅しです。本当に離婚したいわけではなく、妻や子どもを失いたくないと思っている人が多いのです。妻が本気で離婚を言い出すとか、実家に行ったきり戻らないとか、連絡さえできないなどの状況になると、焦ってアウェアに駆け込みます。

　米国で旅行中、あるいは駐在中にDVをして逮捕され、裁判所命令を受けてアウェアに来た人がこれまでに4人います。米国など、社会のDV対策が進んだ国では、加害者に「裁判所命令」で刑罰代替として更生プログラムの受講を科します。日本には、裁判所から受講命令が出る仕組みはまだなく、「妻命令」しかありません。実家から戻る条件としてアウェアに参加することを妻から要求された人、妻が保護命令を申し立てたことがきっかけで参加した人、からだへの暴力をしてしまって逮捕され、妻に起訴しない替りに加害者プログラムに通うように言われて参加した人もいます。離婚の際、子どもに会う条件として通うように言われて参加した人もいます。

　最近、警察は、DV事件の通報を受けて駆けつけた際、暴行行為や傷害行為が行われたと認められる場合は、加害者を逮捕して2日間拘留することが多くなっていると聞きました。逮捕されたことでショックを受け、からだへの暴力はやめる加害者がいるようです。また、警察が夫を逮捕することで、「自分がされていたことは犯罪なんだ」と確認でき、

帰った夫に向かってアウェアへ行くことを要求できるようになる被害者もいます。逮捕されたことが参加のきっかけだという人が増えています。このように、被害者が通報するなど、「行動をおこすこと」が、加害者のプログラム参加のきっかけをつくっています。しかし、逮捕して2日間拘留するだけでは逆恨みし、大きな怒りを抱えて帰ってくる加害者もいるはずです。より激しい暴力をふるったり、監禁したり、ストーカー行為をしたり、殺人事件をおこしたりするケースもあるかもしれません。加害者が変わらなければ、被害者の安全と安心はありません。6章で述べるように、被害者の安全のための加害者への対策が望まれます。

7　DVだとはじめて気づいた

　アウェアに来てしばらく経つと、「自分がしていることがDVだと気づかなかった」とか「自分がしていることがDVだとはじめて気づいた」と言うようになる加害者がいます。加害者の多くが、夫から妻への暴力なんて暴力のうちに入らないとか、怪我させるようなひどい暴力だけがDVだとか、暴力を毎日のようにふるうのがDVだ、などと思っているようです。また加害者は、言葉や精神的暴力が相手をどれほど傷つけるか気づいていません。自分はたいしたことはしていないと思っていたとか、DVなんて自分には無関係だと思っていたと言う人が多くいます。「妻からDVだと言われていたけれど、たかが家庭の主婦の言うことだからと、まともに受け止めていませんでした」と面談で言った人もいます。彼らは、女性が覚悟をして保護命令を申請するとか、家を出て行くとか、離婚を突きつけるとか、警察に通報するなど、きっぱりした行動をおこすまで自分のDVに気づきません。被害者の多くが、長いこと迷いながら耐えて、やっと決心して出ていくのに、加害者は「妻が突然出て行った」とか、「もっと早く言ってくれればよかったのに」などと言います。
　では、本当に加害者は自分がしていることにまったく自覚がないので

しょうか。いいえ、加害者は自分がしていることはけっこう自覚しているのです。でもなぜそうするのか、そのもとになる自分の考え方に気づいていないのです。なぜかというと、自分の考えは「普通」で「常に正しい」と信じているからです。

8　自分こそ被害者だ

　加害者のほとんどが「自分こそ被害者だ」と思っています。そう聞いて驚く読者がいるはずです。しかし、加害者の頭の中では、彼らは立派な被害者なのです。なぜかというと、彼ら自身が気づいていない特権意識をたくさんもっているからです。妻に出て行かれたりした加害者が当初苦しむことは事実です。妻に出ていかれたばかりのころは泣いてばかりいて自殺も考えたと言う人がよくいます。しかし、その痛みや苦しみは、妻子を失うかもしれないという怖れや不安であり、妻に拒絶されたという痛みや怒りなどであって、彼女の苦しみや痛みへの共感ではありません。自分を哀れんだり、自分のために後悔したりしているだけの場合が多いようです。それには気づいていませんから、苦しみや惨めさ、寂しさや不安にのたうっている自分こそ被害者だと考えます。面談では「自分を変えたい」と言った加害者の多くが、「自分を捨てて出て行った妻はひどい」とか「家族のためにがんばっていたのに裏切られた」とか「いったいどのくらい俺を苦しめる気か？」などの考えに囚われて相手を責め、相手の気持ちをちっとも考えないまま、グループで次のようなことを言います。

・暴力をふるってしまった僕は確かにまちがっていました。でもそこまで及んだ原因の責任は彼女にもあるはずです。僕ばかり変わる努力をしたって無駄だと思います。

・ＤＶしたあと、いつも反省して謝ります。そのたびに妻はもうしない

だろうと期待します。僕は少しの間、がんばってDVをしないでいられます。ところがほんとうに変わったわけではないので、また思いやりのない自己チューなことを言ったりしたりしてしまいます。そうすると彼女はがっかりしたり怒ったりして苦情を言うわけです。そうすると、僕は彼女のほうこそ、気分がコロコロ変わって感情的になったり、攻撃的になったりするように感じるわけです。それで彼女のことを「なんて感情の起伏の激しい、やっかいなヤツだ」ぐらいに思っちゃうわけです。

また、被害者が反撃して暴力をふるったりしている場合、加害者は面談で「妻がたたくんです。僕は被害者です」と主張します。そういう人には「じゃあ、彼女の暴力が怖いですか？」と聞くと、たいてい「いいえ、腹が立つけど別に怖いとは思いません」と答えます。女性のほうが男性よりからだが大きくて力が強ければ別でしょうが、男性から女性への暴力のほうが与える恐怖や威力は大きいのです。また、社会的にも経済的にも男性より女性のほうに不利な仕組みがあるので、女性のほうがDVによってより無力化されて追いつめられがちです。

「自分は被害者だ」と思い込んでいる加害者が、自ら気づいて更生のための教育プログラムに足を運ぶなんてことはほとんどありません。ある被害者が別居している夫にアウェアに行くように勧めたところ、彼はアウェア（「気づく」という意味）の英語のスペル（aware）をローマ字読みして「アワレ」と読み、「俺に『憐れ』なんていうところに行けと言うのか！ 俺を憐れんでいるのか！」と言って激怒したそうです。

9　ゆがんだ考え方と価値観

DVは精神的な病気ですることではありません。しかし、そう考える人は加害者にも、被害者にも、当事者の周りの人たちにもいて、アウェ

アに来るまえに精神科や診療内科やカウンセリングなどに行ったという人がよくいます。確かに加害者の中には精神疾患のある人もいるでしょう。そういう人は治療が必要でしょう。でもほとんどの加害者はそうではありません。ＤＶを病気のせいにしたくて精神科などへ行くのです。家の外では普通の社会人として生活しています。加害者の中には無職で、経済的困窮がきっかけでＤＶに及ぶ人がいると思いますが、アウェアのプログラムは有料なので、結果的に参加する人は仕事をしている人ばかりであることをお断わりしておかなければなりません。貧困やアルコールや仕事のストレスなどは、ＤＶをするきっかけになりますが、根本的な原因ではありません。むしろ加害者はストレスやアルコールや怒りを自分のＤＶの責任転嫁と正当化のために利用します。それではいったい、ＤＶは何が原因でおきるのでしょうか？　それは考え方と価値観の問題です。それらを表すさまざまな発言を紹介します。

1．夫婦のけんかではなぐられたほうが悪い

「子どものけんかではなぐったほうが悪いけれど、夫婦のけんかではなぐられたほうが悪いとずっと思っていました」。まさにブラック・ジョークです。彼はこれを「そう思っていました」と過去形で言いましたから、それはまちがいだと気づいたということです。

2．僕は恋人にパートナーらしさとして「反論しないこと」と「服従すること」を求める

ジェンダー（女らしさ・男らしさの役割・態度の決めつけと押しつけ）について話し合ったとき、「僕は無関係です」と言い切った30代の男性がいます。彼は次のように言いました。

「僕は女らしさの偏見なんてもっていません。僕は女性を尊重しています。直属の上司は女性で、僕はその人を尊敬しているし、いい関係で仕事をしています。同僚にも女性はおおぜいいて、僕は彼女たちを働く仲間として尊重しているし、いい関係で働いています。セクハラなんてしたこともありません。でも恋人にはパートナーらしさとして僕は2つ

のことを求めます。反論しないことと服従することです。」
　私は思わず「あなたのパートナーは女性じゃあないんですか？」と聞きました。彼は「そんなバカな質問を！」という顔をして「もちろん女性ですよ！」と答えました。女男平等（注18）意識をもって職場の女性は尊重するが、恋人には服従を求めるということが彼の頭の中ではまったく矛盾していないようです。恋人に対しては「男尊女卑」「女は1歩さがって」などの価値観に切り換えるからです。そしてそれが正しいと信じているからです。彼の矛盾にグループの仲間も気づき、質問やコメントが彼に向けられましたが、参加して間もない彼はまったく気づきませんでした。

3. たとえ妻が僕の10倍の給料を取ってきても、僕に従ってもらう

　理由は「妻だから」でした。こういう人は、仕事をもち経済的に自立している妻に対して、自分だけで決めた「妻としての役割」を押しつけて、自分は家事も育児もしません。

4. 妻をねじふせなければならない

　妻が自分の考えをもたず、反論もせず、黙って言いなりになることを求めているのです。妻が反論してきたら、罰として、ねじふせて黙らせるというわけです。それだけ妻の力を恐れていると言えるでしょう。

5. 僕を不愉快にした人に対しては仕返しをするために刃を研ぎ始める

　この男性は妻に対してだけでなく、自分より格下と思う相手が自分を不愉快にしたと感じたとき、どうやってやっつけるか考え始めるというのですから、かなり危険度が高い人です。

6. 僕にとって都合のいい妻じゃないと愛せない

　自分が楽できる都合のいい関係しか頭にないようです。恋愛観も夫婦観も歪んでいます。

7. 口論を始めるとき僕は結論を用意している

　ＤＶ加害者特有の会話のもっていき方を明らかにするためのケース・スタディの教材を使ったとき、「僕もまったくこれと同じ手口を使いました」と言った20代の男性がいます。彼は、相手に自分の意見や希望をあきらめさせるために、さまざまな手を使って追い詰めていくのだそうです。このような手口を使う加害者と「話し合い」はできません。

8. 妻の言うことが自分の考えと違うと、私に対する文句であり攻撃に聞こえる

　「妻に自分の気持ちを言われると、自分が自分でいられなくなる。自分がボロボロになると思っていた。私のＤＶは、彼女に勝つためでなく、負けないための自衛権の行使だ。だから悪いとはまったく思っていない」と言った人がいます。こういう人は自信ありげに見えても、ほんとうの自信はありません。人からの評価ばかり気にしています。自分がそうなっていることに、また、なぜそうなっているかに気づかなければなりません。

9. 妻は僕の感情を聞いて処理してくれて当然だ。してくれないと「君は心のないロボットだ」と責める

　自分は相手に対して同じことをする気はありません。心のないのは彼のほうです。加害者が相手について批判することのほとんどが、実は自分のしていることなのです。

10. 言い返しているときは、相手を責めることが目的。相手を罵倒すると快感を覚える

　罵倒すると相手が黙り、相手に自分が悪かったと認めさせたり、自分の考えや意見を受け入れさせたりすることができるからいい気分になれるというわけです。

11. ＤＶは仕事のストレスのせいだ

「『俺は仕事で疲れているんだ』が私の口癖だった。毎日のように深夜になっても、『仕事だから仕方ないだろ』と言っていたし、そういう態度をとっていた。家事・育児はすべて妻任せだった。家にお金さえ入れていれば、夫として父親として責任は果たしていると思っていた」

世の中の多くの男性が同じように考えているのではないかと思います。加害者には仕事中毒（ワークホリック）気味の人が多くいます。グループでは「働き方」や「仕事に対する考え方」が話題になることがあります。気づいてよく考えたすえ、給料や昇進に差し障りがあっても、働き方を変えたり転職したりする人が出てきます。

12. やさしい承諾をあげればよかった

「別居している恋人から『今夜は飲みに行く』と聞くと、いやだなという気持ちをどう処理したらいいかわからなくなる。それで『いつ？だれと？　どこで？　男はいるの？　アホなことしないか？』などと聞いて、『遅くならないように』と言ったりする。ほんとうは『僕のことが好きだったら行かないでよ』と言いたい。心配だし、嫉妬心がわいてくる。信頼できないし、相手の自由は相手のものとは考えられない。『ああ、行っておいで』というやさしい承認をあげればよかった」

「承諾をあげる」という言葉には、彼がまだ「なんでもしたいことをしていいよ。僕が認めたことに限ってね」という支配の価値観を手放していないことが表れています。気づきの浅い人は「彼女に○○してあげる」という言い方をよくします。

13. 僕は負けずぎらいで努力してきた。なのに君はどうして努力しないんだ

「僕はがんばって結果を出してきたから、僕の考え方とやり方は正しい。僕がルーラー（決めたり、評価したり、判定を下したりする人）だ。それに従わない君はバカだ」

加害者には、このように相手に対して自分がルーラーになっている人がよくいますが、そのおかしさに気づきません。むしろ相手のためだと

思い込んでいます。

14. 養ってもらっている身だろ？
「専業主婦なのにこんなところ（例えば台所の換気扇）も掃除できないのかよ。専業主婦は家事はしっかりやって当たり前だろ。毎日暇もてあましてるんじゃないのか？　遊んでるんじゃないのか？」

2013年9月18日の東京新聞に、家事や介護・育児、ボランティア活動などの無償労働を貨幣価値に換算すると、専業主婦の場合は年に約304万円になるという記事があります。

妻の家事を評価せず、感謝もしない発言が出たときは、この記事を話題にしたり、「あなたが安心して働けるのはだれのおかげだと思いますか？」と質問したりすることが必要です。

15. よくできたカミさんをもっていると友人たちに自慢したい
「友人たちの前では、例えば食卓にしょうゆを忘れたなどのちょっとしたミスでも怒った。気の利く妻は僕のポイントをあげ、気の利かない妻は僕を貶めることになる」

妻はまさに加害者の"持ち物"です。ランディ・バンクロフトさんは、加害者には妻を「トロフィー」のように思っている人がいると言いました。

16. 相手の失敗や勘違いを大げさに取りあげてからかった
相手を貶めることで自分が優位に立ち、さらにその立場を維持するための手口です。自分の優位性を相手に示したくて、1カ月間相手を無視し、何を聞かれても答えなかったと言った人もいます。

17. 気に入らないと「不愉快さ」のオーラを出して「オイ、気づけよ！」と思っていた
自分の気持ちは、言葉で伝える努力をしなければ相手に伝わりません。彼女以外の人に対してはその努力をするけれど、彼女に対してはしませ

ん。超能力者であることを要求し、そうでないと怒るのです。態度や行動で気持ちをわかってもらおうという考えは甘えにほかなりません。

18. 笑わないと「暗い顔しやがって」と腹が立った
「DVしたあとで、相手が傷ついて暗い顔をしていると、なんとか笑わせようとし、笑うと『これでチャラ』と思った」
　自分のDVを矮小化（ものごとの重要性を軽く、小さくすること）しているし、相手の心をどんなに傷つけているか考えていません。

19. お金の話題は僕が話したいときだけだ。
「家計にお金を少ししか入れてない自分に、相手がお金のことを言ったときはどなったりして罰した。言ってほしくないことを言って僕を不愉快にさせるからだ」
　加害者は自分の話したいことだけ話すように相手をコントロールします。話す必要のあることでも、相手が要求していることでも、自分がいやなことはしたくないのです。

20.　君にはお金があるからいいだろ。僕は自分のお金を好きに遣う
「働いている相手に家計の負担を強いた。自分は買いたい物を買い、それでいいと思っていた」
　これが経済的DVだという自覚がなかなかもてません。被害者が高額所得者であればあるほど、加害者にとってはこの考えは確信となります。大企業の管理職の女性でもこのような経済的DVの被害者になります。

21.　相手と子どもは僕に気をつかい、ハレモノに触るように接した。それがまた気に入らなくて物に当たったりして腹いせをした
　外ではこんな態度はけっしてしません。相手が妻や子だからそうしていいと思っています。なぜなら自分のモノだし、自分のそういう態度を許してくれると考えているからです。

22. セックスに応じてくれない相手へのあてつけで、アダルトサイトを見た。彼女がイヤがるのはわかっていた。やめてと言われて「君のせいだ」と言った

　加害者には、妻には「ＮＯ」という権利はない、言うはずがない、と思っている人がいます。夫婦間でも相手の性的自己決定を尊重しなければ性的暴力やレイプになります。

（注18）女男平等：「男女」という言葉しかないこと自体が女性への差別であり、その表れであると考える筆者があえて使う言葉。本書ではこれで統一している。

10　ＤＶ加害者の共通点

　アウェアに来た加害者の年齢や職業などはさまざまですが、実は加害者の多くに共通して見られる問題点があります。まとめると次のようになります。

1. 正しい病
　病気ではありません。「自分は正しいと思い込んでいる」という意味です。自分は絶対に正しくて相手はまちがっているという傲慢な信念です。だから妻に対して、俺に従え、反論するな、正しいことを教えてやる、立派な人間にしつけてやる、という意識でＤＶします。そのための暴力は「正しい暴力」と考えるのです。実は自信がなくて不安なことを覆い隠すため、「自分は正しい」ということに固執しがちなのですが、それに気づきません。

2. 自分のしていることがＤＶだと気づいていない
　ＤＶ加害者の多くが面談で、「口論して」、「ケンカをしてしまって」、「ケンカがエスカレートして」、その結果「ＤＶした」とよく言います。「けんか」や「口論」という言葉を使うのは、「お互いにやり合った」と

いう意識があるからです。しかし、けんかとＤＶは違います。けんかは２人の関係が対等・平等のうえでやることです。けんかならお互いに相手を怖がったりせず、意見を主張し合えるはずです。相手を黙らせたり、ねじ伏せて言うことを聞かせたりするためにすることなら、それがどんな行為であっても「けんか」ではなく「ＤＶという虐待」です。

3. 自分のＤＶ行動の自覚がある場合でも、なぜするのか、またそれがどういう価値観が基になっているのかわかっていない

相手が、自分を怖がっていることも、自身を失うほど気をつかっていることも気づきません。自分を怒らせた相手が悪いと思っている限り、ほんとうの反省も内観（自己の内面を見つめ，そこにあるものを探求すること。内省ともいう）もできません。だから、自分のＤＶを自分で許可する価値観をもっていることに気づかないのです。

4. 外面がいい

加害者は家の外では普通にふるまいます。多くの加害者が会社や隣近所では、いい人、信頼できる人、冷静な人、責任感がある人、仕事ができる人、やさしい夫で父親、気配りができる人、などと思われています。だから、被害者が声をあげたとき、加害者を知る人たちは「あんないい人がそんなことするわけがない」と思うのです。

5. 自己中心的

親密な関係では自分を中心に考え、相手のことを考えない癖がついています。グループで「相手の気持ちなど考えたこともなかった」という発言をよく耳にします。

6. 強いこだわりをもつ

ものごとに強いこだわりをもっています。こだわる対象や範囲はさまざまです。テレビのチャンネル権（自分の見たい番組を選ぶ権利）にこだわる人もいます。家の中が常に片付いていることにこだわる人もいま

す。片付いていないと不機嫌になりますが、それは妻のやるべきことと信じているので自分では片づけません。加害者には相手に受け入れさせたい自分特有の「こだわり」があることに気づくことが必要です。まず、それに気づかなければ、やめようがありません。

7. 相手はこう考えていると決めつける

相手に直接聞けばいいのに聞きません。自分で勝手に想像して決めつけます。責められないように自分を守るためにするのですが、結果的には怒りを抱いてＤＶすることになります。

8. 自分の価値観を押しつけて、相手のためだと考える

例えば、女性が子育てしながら働き続けることは、依然としてむずかしい世の中ですが、それが新しい女性の生き方だと考える加害者は、専業主婦で子育て優先を選ぶ妻に不満をもちます。働く妻には、家事や自分の世話が不十分だと不満をもちます。妻が働くのが気に入らなくて、仕事を辞めさせる人もいます。自分の価値観で妻を動かしたいし、それに従うのが彼女にとっていいことだと考えます。

9. 特権意識が強い

特権意識ですから自分だけがもっている権利です。相手にはけっして認めない権利です。二重規範をもっているとも言えます。その中には次のようなものがあります。③はアウェアによる項目ですが、それ以外はランディ・バンクロフトさんの本『ＤＶ・虐待加害者の実体を知る』から引用しています。
①身の回りの世話をしてもらう「権利」
②気分や心のケアをしてもらう「権利」
③自分を最優先にしてもらう「権利」
④性的欲求のケアをしてもらう「権利」
⑤服従してもらう「権利」
⑥責任や批判から逃れる「権利」

10. 自分こそ被害者だと考える
　9.の特権意識が「自分が被害者だ」というゆがんだ考えをもたらします。

11. 女性を見下している
　加害者は女性を見下しています。見下す度合いは人によってちがいますが、見下していない人はいません。女性全体をたいへん見下している人もいます。見下しているから、自分は特権をもって当然と考えます。外ではそれを出さず、女男平等意識があると思われている人がよくいます。

12. 所有意識
　加害者の多くが結婚したとたん、「妻は自分のモノだ」という所有意識をもちます。「妻が姓を変えたことが所有意識につながった」と言った加害者が多くいます。国会で選択制夫婦別姓を「認めると家族の崩壊につながる」という理由で反対されて、選択制別姓でさえいまだに認められていません。政治に期待できないので司法に訴えたという女性たちによる最高裁判所での判決が昨年の暮れに出ましたが、別姓を選択できる社会を望む女性たちを落胆させ、怒らせるものでした。反対する国会議員にも、裁判官にも夫婦同姓がDVのきっかけを作って家族を壊しているという事実を知ってもらいたいものです。

13. 自分の暴力をはじめ、すべてを相手のせいにする
　自分は責任や批判から免除される権利をもっていると考えます。ですから自分の暴力をはじめ、失敗したことまで相手のせいにします。自分が車を運転していて道を間違えたのも、時間に間に合わないのも、予定通りにいかないのも、自分が忘れ物をしたのも、自分の料理したものがおいしくないのも、すべて相手のせいにします。

14. 自分のＤＶ行動の事実認識が甘い

　初回面談で「ＤＶの種類」のリストの中から、加害者に自分のした行為すべてを選んで○印をつけてもらいます。４つしか○印をつけなかった男性の妻にあとで同じことをしてもらったら、なんと40個つけたケースがありました。ＤＶの期間も男性は４年でしたが、妻は40年と答えました。加害者はよくこのように矮小化します。加害者がＤＶしていても気づけないのは、自分のしていることを正当化し、矮小化するからです。

15. 支配を強化するために相手を罰する

　加害者は自分の思い通りに動かない相手を罰することで支配していきます。そのために罰として効果的なやり方を選びます。

16. 結果を原因にしてしまう

　妻がうつになって家事ができなくなったり、とても感情的になったりするのはＤＶされた結果なのに、加害者はＤＶしている自覚がないので、彼女がそんなだからどなってしまったとか手をあげてしまったと言って、妻のせいにします。

17. 相手の態度・行動に焦点を当てて批判的に見る癖がある

　相手を否定的・批判的にしか見ません。妻は「片付けができない」、「やることがのろくて非能率的」、「経済観念がない」などと批判します。家で自分はダラッとしていてもいいことにするのに、妻が休んでいるとなまけていると批判します。だからイラッとして怒りがわくのです。そういう見方をする癖がついています。でも本人は気づいていません。

18. 自分の気持ちが一番大事で相手の痛みに無頓着

　自己チューですから自分の感情や気持ちよさを最も大事にします。ある男性は次のように言いました。「悪いことをしたと思うと罪悪感を抱き、つらくなるので早く楽になってすっきりしたくなります。仕事のト

ラブルにはすばやく対処し、それで気が楽になります。でも彼女のことはそういきません。それで自分が楽になるために、わざと彼女を貶めたりちゃかしたりして、そもそも2人の間に問題なんてないようなふりをしてしまいます。相手の痛みなんて考えたこともないです。」

19. 暴力容認の意識
「暴力的漫画が子どものころから大好きで今もたくさんもっています」と言った人（妻にからだへの暴力もしている）もいれば、「怪我させるぐらいのことでなければ暴力のうちには入らないでしょう」と言った人もいます。また、「親が暴力でしつけてくれたので自分は強くなれて感謝しています」と言った人もいます。

20. すぐ白黒つけたがる
すぐ決着をつけたがり、勝ち負けにこだわります。自分はいつでも妻に勝たねばならないと思っています。負けることや相手に対する優位を失うことを怖れています。ほんとうの自信がないのです。

21. 人をすぐ「格下・格上」「優・劣」などを基準として見て態度を変える
妻を格下の人間として見ているＤＶ加害者は、ほかの人のことも自分より上か下か、自分より力をもっているかどうかというふうに見がちです。そういう人はファシリテーターに対しても同じような目を向けがちで、進め方や教材を批判したりします。そういう人には「あなたは何のために参加しているのですか？」という投げかけが必要です。気づきを進めた仲間が言うとさらに効果的です。

22.「夫婦は一心同体」という意識
強くこう思っている加害者は多いようです。加害者の求める「一心同体」は、あくまで自分が主体で、相手が自分に合わせる一体感という意味です。これは今も結婚式などの祝辞で聞く言葉かもしれませんが、加

害者にとっては危険な言葉です。「夫婦は二心異体」だとグループでは繰り返し伝えています。

23. 親にとって「いい子」でいたがる

　加害者の多くが親からDVにつながるさまざまな価値観を学んでいます。彼らは、親に傷つけられたり、支配されたりして、ほんとうは親に怒りや屈折した思いを抱いていても、「いい親だ」と思いたがります。親の言動や価値観がきらいであっても、それらを自分のものとして取り入れて生きていて、親にとって「いい子」を演じ続けています。演じていると、自分の人生を生きていないから苦しいし怒りも抱えますが、それに気づかず、妻を親の次にしたり親への怒りを代わりに妻にぶつけたりします。そして妻より親の価値観や都合や気持ちを優先し、妻のそれらを否定して尊重しません。

24. 面倒くさがり屋

　自分の好きなことや気分が向いたときには面倒に思うこともしますが、片付けなどの家事がきらいな場合は面倒に感じてしません。自分はしないのに「彼女は片付けができない」と苦情を言う人が多いのですが、実際には、彼が気に入るように片付けないとか、DVされた結果片付けなどの家事がまともにできなくなっている場合もあります。片付いているのが好きなら好きな人が進んでやればいいのですが、加害者はしません。

25. 嘘をつく

　加害者は自分に都合のいいように事柄や状況を捻じ曲げて解釈することが多いです。つじつまを合わせるために嘘をつくのに、それを嘘だと思っていない場合もあります。アウェアに参加したくなくて、アウェアに行くと言って家を出たあと、ネットカフェで好き勝手に過ごし、教材らしく見えるプリントを作って帰宅した人がいます。

26. しつこい

　自分が望むように相手が認めて謝るまでしつこく言いつのる加害者がいます。深夜まで3時間も5時間も相手を正座させて謝罪させる加害者がいます。こだわりをもっていることや物に関しては特にしつこくなるようです。

27. 親が過保護・過干渉だった

　加害者には長男が多いようです。長男としてきょうだいに比べて優遇されたとか、親が過保護あるいは過干渉だった、という人が目につきます。「子どものころ、母親がなんでもしてくれた経験とその記憶が強烈に残っている。妻に母親の代わりを求めるのはまちがっているとわかっているけど、母親に尽くされた感覚は簡単にぬぐえない」と言った人がいます。

　まだありそうですが、これくらいにしておきましょう。上位の項目ほど共有度が高く、ほとんどの加害者に見られるものです。下位の項目は、そういう人もいるがそうでない人もいる、といったものです。被害女性に、相手に該当する項目に〇印をつけてもらうと、ほとんどの人がほとんどに〇印をつけます。ＤＶ加害者はそれだけ根が深い問題を抱えていると言えるでしょう。

11 グループでの話し合い

　男性たちがグループでいったいどんな話し合いをするのか想像できないという読者がいらっしゃることでしょう。そういう方たちのために、グループでの男性たちのようすを紹介します。プログラムの2時間で、「振り返り」と言って、その1週間に、ＤＶをしてしまったらそれを正直に報告したり、相談したいことをグループに投げかけたりする時間をとります。実はこれがとても有効な話し合いになることが多く、30分

から1時間かけます。2時間全部つかうこともあります。

　次に紹介する会話は録音したわけではありません。プログラム中、ファシリテーションのために私たちはメモをとりますから、そのメモと記憶をたぐって、プログラム終了後、会話を文章にしました。名前は仮名で個人情報は省いています。

ある日の振り返り①　「彼女は変だ」

　ＡＢＣＤＥの5人は参加者、Ｆはファシリテーター（吉祥眞佐緒さん）を指します。

Ａ：（アウェアに通い始めて数カ月の男性）
　パートナーが、何年も前にＤＶされて傷ついたという話を今もメールで送ってくるんです。おそらく思い出すたびに衝動的にメールしてくるのだと思います。僕は、結果的に彼女にひどいことをしてしまったのだけれど、彼女にも落ち度があったという気持ちが払拭できないんです。今週、なんでもかんでも謝罪しろと言われて理不尽に感じたので、皆さんはこういうときどうしているのか聞いてみたいです。

Ｂ：（アウェアに通い始めて約2年の男性）
　たとえばどういうことについて謝罪しろと言われたんですか？

Ａ：（発題者）
　彼女の家事の仕方について意見したことです。もともと彼女は料理も洗濯も掃除もできない人で、僕のほうがうまいから教えてあげたんです。

Ｃ：（アウェアに通い始めて1年半の男性）
　僕も彼女より家事育児はなんでもうまいんです。彼女はなにごとも効率が悪くて。

（ほぼ全員大きくうなずく）

Ｄ：（アウェアに通い始めて約4年の男性）
　だったらＡさんが家事をやればうまくいくのではないですか？　だいたい、その役割も話し合わずに、われわれ加害者が勝手に決めている場

合が多いんじゃないかと思いますけど。
A：(発題者)
　彼女は包丁の持ち方が変なんで教えてあげたんです。
D：僕のパートナーはお米のとぎ方が変です。
E：(アウェアに通い始めて約半年の男性)
　僕のパートナーは掃除が苦手で、来客のたびにお風呂場に物を詰め込むんです。ありえないですよ。
F：彼女の包丁の持ち方やお米のとぎ方で、あなたたちにどんな支障があったんですか？
A：(発題者)
　……。言われてみれば何の支障も被害もないですね。ただ、パートナーの落ち度を見つけ出して、いかに劣っているかを知らしめて貶めたかっただけなのかもしれないです。
B：確かに、家事をやってもらっているのにそれはひどいですね。そんなに変だと思うなら自分でやったほうがいいと今は思います。そのほうがお互いに気分がいいんじゃないかな。
C：やってもらっているという気持ちが欠けていたように思います。やらせてやっていると思っていました。
A：(発題者)
　そう言えば、僕は鉛筆の持ち方が変だとよく言われるんですが、それでパートナーにＤＶされたことはないです。僕のＤＶの理由は何でもよかったんですね。

ある日の振り返り②「家族旅行でＤＶしてしまいました」

　ＧＨＩＪＫＬＭの７人は参加者で、Ｆはファシリテーター（これも吉祥眞佐緒さん）を指します。

Ｇ：(アウェアに通い始めたばかりの男性)
　夏の家族旅行の事件について報告します。せっかくの楽しいはずの旅

行なのに現地集合・現地解散になってしまいました。彼女の考えに納得できないこともあるので振り返りたいです。

　渋滞を避けるために早朝に出発したかったのに拒否されてしまったので、１人で目的地まで車で行き、家族とは目的地の駅で合流しました。そして旅行中に僕が不機嫌オーラを出し続けたので、１人で帰る羽目になりました。せっかく僕が前からいろいろ計画していたのに、彼女にまったく受け入れてもらえなかったんです。この旅行はいったいなんだったのかと思います。僕は尊重されていないので腹が立ちました。

Ｈ：（アウェアに通い始めて半年の男性）
　僕もいつも旅行の帰り道は険悪な雰囲気になってしまうんです。

Ｉ：（アウェアに通い始めて約５年の男性）
　僕たち加害者は旅行に行ってはいけないと思います。必ずＤＶしてしまうから。

Ｆ：終始車内や旅先でイライラしている夫に対して、パートナーはどんな気持ちだったと思いますか？

Ｊ：（アウェアに通い始めて２年の男性）
　子どもが小さいから、生活リズムを崩したくなかったのではないですか？　１度生活リズムが崩れたら、それを取り戻すのはパートナーにとって負担が大きいと思います。大人と子どもは同じと考えてはいけないんじゃないですか？

Ｋ：（アウェアに通い始めて４年の男性）
　むっつりとして運転されたり、乱暴な運転をされたりしたら、パートナーにとっては、旅行は命がけだと思います。車の中は密室だから相当怖いだろうと思うし、逃げられないと感じると思います。

Ｇ：（発題者）
　そう言えば、彼女は皆さんが言っているようなことを言っていました。グループで話すまでそのことはすっかり頭から消えていました。言われてみると、彼女は子どものことを深く考えていたんだと思い当たることがたくさんあります。

Ｌ：（アウェアに通い始めて間もない男性）

実は僕もGさんと同じようなことをしているのに、Gさんのことは自分勝手だなあと思います。パートナーはきっと、どうして旅行に行ってまでDVされなくちゃいけないのかと思ったのではないかと思います。
M：（アウェアに通い始めて1年の男性）
　自分だけが楽しむための旅行だとしたら、それに付き合わされる家族にとってはすごく迷惑な話だと思います。
G：（発題者）
　パートナーに対する思いやりのかけらもなかったと思います。パートナーはどう思うかという視点がすぐに抜けてしまいます。そのたびに言われなければ、自己中心的で自分だけが尊重されて当たり前という考えをもっていることに気づけない自分がいます。

　参加者たちはお互いに、体験・考え・気持ちなどを語り合い聞き合います。痛み、苦しみを共有することでだんだん心を開くようになり、グループが支え合いの場となります。「ここは自分の救いの場だ」とか、「ここがなかったら出て行った妻にストーカー行為をしてしまったかもしれない」と言う人もいます。「自分1人ではないことがわかって楽になった」と言う人もいます。つらさを吐露して泣く人もときどきいます。そして、仲間が自分の鏡になります。自分がDVしたことを認められない人でも、人のこととなると適切で厳しい指摘や分析ができるのです。ほかの人の話を聞きながら、自分に置き換えて考えることができるようになると、なぜ自分がDVをしてしまったのかということをはじめ、自分の考え方のゆがみや隠れている気持ち、相手の気持ちや痛みなど、さまざまなことに気づく（アウェア aware）ことが少しずつできるようになります。この「気づき」が変わるために必要です。

　こんなこともありました。あるグループで、男性が仲間から、親のせいにしているかぎり自分のDVにいつまでも向き合えない、と厳しいことを言われました。彼は次の週に、「厳しいことを言ってもらってよかったです。僕のことを思って言ってくれたことがわかったので、あれか

らよく考えました。自分のＤＶにやっと向き合う気持ちになりました」と報告しました。さらにその日はじめて参加した人に向かって、「ここは皆が支え合っていっしょに変わっていこうと学んでいるところだから、厳しいことを言われても素直に聞いて自分を振り返ることをお勧めしますよ」と言いました。

　はじめから気づきにつながるような聞き方や参加の仕方ができる人ばかりではありません。数カ月から、ときには１年、あるいは１年以上も相手にも非があることを繰り返す人や、「俺はあんたたちとはちがう」という態度を取り続ける人もいます。いつまでたっても自分に向き合わず、自分のＤＶを他人ごとのように話す人もいます。そういう人に対して投げかける言葉は、「あなたは何のために通っているんですか？」です。ファシリテーターだけでなく、男性たちもお互いに口にします。「妻が『アウェアへ行ったら変わるから』と言うので、ほんとうは来たくないんですが参加しています」と言った人に対して、「僕たちは自分を変えようと真剣にここに通っているんです。バカにされたような気がして腹が立ちます」と言った人がいます。

　このように次第に自分のしたことに向き合い、ＤＶの責任は自分にあることや、相手の決断を受け入れなければならないことがわかってくる人が出てきますが、必ず変わるという保証はありません。気づけずに途中でやめてしまう人もいます。

12　グループで学ぶこと

変わるための行動目標

　加害者がゆがんだ考え方と価値観を新しいものに変えることは一朝一夕にはできません。言動を新しい考え方と価値観を基にしたものに変えるにはさらに時間がかかります。プログラムに参加する人には面談で、

まずなにができるか考えて書いてもらいます。抽象的なことではなく、またとてもできそうもないことではなく、がんばればできそうなことを具体的に紙に書いてもらいます。パートナーが彼にどんなことをいやだとか、やめてほしいとか、変えてほしいなどと言っているかを基にして目標を立てます。たとえばある人は妻に「苦情を言わないで」と言われたので、彼女の残業が続いても「なんだ！ 遅いじゃないか！」などと言わないことを目標にしました。ある人は「大きな声を出さないで」とよく言われていたので、怒りの感情がわいたときはタイムアウトをとって大きな声を出さないことを目標にしました。ある人は、「子どものために何か頼むといやがるのをやめてほしい」と言われたので、いやでも顔に表わさないですることを目標にしました。またある人は「私の話を聞いてほしい」と言われたので、相手が話しているとき口をはさまないことを目標にしました。さらに聞くときはアウェアで学んだ「相手を理解しようとして聞く聞き方」のテクニックの1つであるミラーリング（注19）を使うことを目標にしました。

　このようにパートナーのリクエストに1つ1つ誠実に応えることが大事です。アウェアで学ぶことを頭の中の知識だけにしておく人は変わることができません。学んだことを実行する人だけが変わっていけるのです。グループでは、「チェックイン」といって自分のしたことを忘れないためにDV行為のリストをグループで読み上げる際、この行動目標に向かってどのくらいできているかも振り返ります。

（注19）ミラーリング：相手の話の内容をできるだけ自分の言葉で繰り返すこと。相手に自分が聞いていることを伝え、自分の理解がまちがっていないかを確認する方法。例えば、「あなたの言っていることは……ということなんだね」とか、「あなたは……がいやだって言ってるんだね」など。

教材を使っての気づきの例

■ケース・スタディ

　アウェアに通う間に、1度は書くよう勧めているのが自分のケース・

スタディです。ＤＶをしたときのことを思い出し、その状況やしたことや言ったことを時系列に書いて提出してもらいます。アウェアが教材として使いやすく手を加えてタイトルをつけますが、事実は変えません。１つ紹介します。

「そう言う君はどうなんだ！」

　コウジさんは結婚以来、妻のカナさんにからだへの暴力を含めたＤＶをしてきました。

①ある日、僕は会社から帰ってから子どもと買い物にでかけました。

②僕は子どものお菓子と自分の飲むビールを買って家に帰り、さっそく１本飲み始めました。

③カナさんは、いつもならもう夕食の支度を始めてもよい時間なのに、支度をしようとするようすすらなく、ソファに座っていました。そこで子どもがお菓子を食べたがりました。

④コウジ：「夕食の支度をしていないのなら、お菓子くらいあげてもいいんじゃないか？」

　カナ：「でも今から食べたら夕食を何も食べないかも」

⑤カナさんは食事の支度を始めるようすがいっこうにないので、僕は子どもにお菓子を渡しました。すると子どもが何も言わずにお菓子を食べようとしました。

　カナ：「お菓子をもらったら何て言うの？」

　子ども：「……」

　カナ：「ありがとうでしょう？　ちゃんと言うまで、食べちゃいけませんよ！」

⑥コウジ：「そこまで言わなくてもいいんじゃないか？　いいから今日は食べなさい」

　カナ：「あなたがそういうことを言ったら、この子のしつけのためにならないでしょう？　２人で言うことをきちんと統一しないと」

⑦コウジ：「そう言う君はどうなんだ！　ちっとも食事の支度をしようとしないじゃないか！」

カナ:「今はそのことを言っているんじゃないでしょう。この子のしつけのことを話しているんじゃない」
⑧コウジ:「そんなことどうだっていい！ いつも君はそうやって、自分のことを棚に上げて、そのうえ俺を怒らせるようなことばかり言う！」
⑨僕はそう言って立ち上がり、彼女の前に立ちはだかりました。

☞質問1　コウジさんの言動にのみ番号をふってあります。コウジさんの言動①〜⑨の中からDV行動をあげてください。それは力と支配の環（1章で紹介）のどれにあたりますか？　またDVをするコウジさんは、どんな考え方、価値観、信念をもっていると思いますか？

☞質問2　このことがカナさんにどのような影響を与え、どんな気持ちになると思いますか？　カナさんの言動に番号はふってありません。カナさんの言動ではなく、気持ちに焦点を当てて想像してみてください。

☞質問3　コウジさんの言動は子どもにどのような影響を与えると思いますか？

☞質問4　コウジさんは考え方と行動をどのように変えなければなりませんか？

　男性たちはペアになって話し合ったり、出た意見をグループで共有したりしながら進めます。質問1では、コウジさんはどんな考え方、価値観、信念をもっているかに気づくことが特に重要です。男性たちは自分のことでないと、するどい指摘を次のようにします。

・僕が仕事をして帰ってきたら家事は手伝わず、さっそくビールを飲んでもいい
・彼女が夕飯もつくらずにソファでゆっくりしていてはならない

- 僕が仕事から帰ってきたら夕飯の支度はできていなければならない
- 彼女は僕の考えや行動を優先させるべきだ
- 彼女が妻の務めを果たさず、僕に意見するのはおかしい
- 自分の責任を果たさない彼女が僕を怒らせたら、彼女に罰を与えていい
- 彼女が悪いのだから脅したってかまわない
- 自分の感情（怒り、苛立ち、不満など）は妻のせいだ
- 妻の役割は家事や育児をしっかりやることだ
- 子どもの教育について妻の考えを子どもの前で否定してもいい
- 専業主婦の彼女は疲れていたって休まず家事をするべきだ

　いろいろと出そろったところで「コウジさんと自分が重なると思う人は？」と聞くと、ほとんどの人が手を挙げます。グループ討論の過程で、人のことを自分に重ね合わせて考えられるようになるからです。しかし、質問2の「カナさんはどんな気持ちか？」に移ると意見が出なくなります。ＤＶ加害者にとって相手に共感することはとてもむずかしいことなのです。ですから、この教材だけでなく、ほとんどに、相手への共感を促す質問が入っているし、ファシリテーターは頻繁に話題にします。それに比べて、男性たちは質問3の子どもへの影響について考えたり、共感したりすることはできます。そして、最後に質問4で、考え方を「相手を尊重する価値観」に変え、「相手を大切にする行動」とは何かに取り組みます。

■「親密な関係」

　親密な関係について考え、話し合うための教材があります。最初の質問が「パートナーのいいところ、好きなところはどんなところですか？」です。最低5つ書くように伝えてから少し時間をとると、サラサラと書く人とまったくペンが動かない人がいます。書いたことを1人ずつ発表してもらうと、サラサラと書いた人の中には、次のようにちゃんと相手を人として見て、いいところ、自分はもっていないところを言う人がい

ます。

　まじめ、うそをつかない、明るい、子どもを大切にする、前向き、自分の知らないことを知っている、大人、動じない、まっすぐ、人間的にバランスがとれている、一生懸命、おおらか、行動力がある、努力家、計画性がある、探究心がある、社交的、経済観念がしっかりしている、自分の考えをもっている、無駄遣いしない、精神的に安定している、自分と違う感性や価値観をもっている、話をしていて楽しい、などです。自分のパートナーがいかにすばらしい人で、学べることがたくさんあるかということを認識するきっかけにしてもらいます。

　一方、自分に都合のいい点ばかり書く人もいます。気が利く、家事・育児をいっさいやってくれること、お金を自分に握らせてくれること、自分を優先してくれること、献身的なところ、家族の中で常に自分を最後にすること、などです。自分のＤＶがそうさせているというふうには考えられないようです。あるグループで、1つしかないと言った人が「自分の言いなりになってくれるところ」と言ったときには仲間ものけぞりました。

　ＤＶ加害者には、夫婦とはなにか、どんな関係なのか少しも考えずに、それまで目にした身の周りの夫婦のありようをイメージとしてもっている人が多く見られます。そのイメージはたいてい自分（男・夫）に都合のいい夫婦像です。そして、相手を生身の1人の人として見ないで、妻や（子どもの）母の役割の人としてしか見ません。

　この教材は、相手を1人の人として見て、そのいいところに1つでも多く気づくきっかけにしてもらうだけでなく、夫婦とは何か、親密な関係とは何か、自分がこれから築きたい関係はどんな関係か、そのためにはどうしたらいいかなど、ＤＶ加害者たちがそれまで考えたことのなかったことを話し合うための教材です。

■子育て

　教材には子育てに関するものがいくつかあります。その中に「親の言い方が子どもに与える影響」という教材があり、参加者は具体的な例を

もとに親が自分やきょうだいにどんな言い方をしたか、自分は子どもにどんな言い方をしているかを振り返ります。

例えば子どもが転んで泣いたとき
①ボケッとしているからだ！
②そんなの痛くない。えらいね
③男のくせに泣くな
④ぐずぐずするな。時間がない。行くぞ

　このような言い方のどこがよくないのか、なぜこのような言い方をするのか、子どもにどのような影響を与えるのか、話し合います。
　すると参加者は、自分の親を含めて世の中の多くの親が子どもに向かって、怒りの感情をぶつけたり、脅しやアメとムチで言うことを聞かせようしたり、男らしさ・女らしさの決めつけを教えたりしていることに気づきます。
　そして、親のそのような言い方は子どもの心を傷つける、子どもは共感されないから心が満たされない、共感とは何かを学べないから人に共感できない、泣きたいのをがまんするようになる、男は感情を表してはいけないと学ぶ、イヤなことを言われないように親の顔色をうかがうようになる、などの気づきの言葉が出ます。
　では、どういう言い方をしたらいいかも話し合いますが、「だいじょうぶ？」とか「痛かったんだね」などとすぐ言える人もいますが、「むずかしくてわからない」と言う人もいます。
　この教材で学んだあと、ある男性が「自分の親はこういう脅しやアメとムチのような言い方しかしてなかったように思います。この教材ではじめて気づきました。気づかないと親の自分への接し方を批判的に見ることもないし、いやだと思ってもそういう言い方しか学んでいないから、やはり自分もそうするようになるということにも気づきました」と言いました。

13　加害者にとっての同居

　アウェアに参加する男性の約半数が同居で、約半数が別居です。そのほかには離婚した人とデートＤＶの人が少々です。同居しながら加害者がアウェアに通って自分を変える作業は、彼にとっても彼女にとっても大変です。ある被害者がアウェアに次のようなメールを送ってきました。
　「ＤＶと向き合うことは夫も私も苦痛を伴うなあと感じています。夫なりに努力をしたり自分がしてきたことの原因を探ろうとしたりしていますが、『夫が今はしてない』と言えば言うほど私はされたことを思い出し、夫をひどく責めてしまいます。それがお互いに傷つけ合うことはわかっているのですが。20年間のＤＶなので、彼が急には改善できないとわかっているのに責めてしまいます」

　アウェアに通い出して加害者が変わったと感じると、被害者が少し安心してため込んでいた怒りを吐き出すようになります。何年もの間に積もった怒りですから、出るときは激しく出ます。当然です。その怒りを受け止める責任が加害者にはあります。同居に戻った男性が、グループの仲間に「同居は地獄です」と言うのはそんなときです。「夜中に3時間も責められ続けました。僕はただじっと聞いていました」。そんなときグループの仲間が力になるようです。ある男性は、そんなときはグループの仲間の顔を思い出すようにしていると言いました。ある人は、同居に戻る人に向かって「パートナーが怒りを出すのは、そのときの行為だけじゃない。過去のすべてのＤＶがその怒りの裏にあると思わなければ。怒りを自分に向かって出してくれたことに対して、ありがとうっていう気持ちをもたなければ」と言いました。

14　関係を続けるためのルール

　別居しながら男性がアウェアに通う場合は、例えば、「勝手に電話を

かけてこない」といった別居のルールをたいてい女性がつくり、男性にはそれをグループの仲間にオープンにしてもらいます。彼はルールを守らなければならないし、彼のグループはそれを見守ります。どんなルールなのか、2つの例を紹介します。

■次のルールを突きつけられた男性は、ルールが書かれた厚紙を柱に貼ったそうです。
①思ったことは明確な言語で相手の顔を見て伝える
　・思い込みで妄想をふくらませて腹を立てない
　・態度で気づかせようとしない（無視を含む）
　上記、守れなかったときは即刻退場（家を出る：前述のタイムアウトのこと）
②妻に対する下記の行為を禁ずる
　・不きげんな態度（無視を含む）
　・侮辱、否定、非難、批判の発言
　・過干渉
　上記、守れない場合は罰金か即刻退場
③判断基準は妻がどう感じたか
　・妻の判断への異議は認められない
　　不服な場合は即刻退場
④罰金・退場のルール及び期限
　・罰金は一律千円
　・退場のルール
　　罰金支払いのうえ退場
　　退場時間は1時間以内
　　退場中に反省し、心の動きをノートに書き留める

■もう1つ、ある女性が調停で、彼が夫婦としての関係の継続を望むのであれば次のようなことが必要だと突きつけたものを紹介します。

婚姻関係を続けるためのルール

＜今後について＞
・アウェアには死ぬまで通う
・最低2年間は別居する。同居については、アウェアでの参加態度などを聞きながら考える
・参加態度などによっては同居を先に延ばすこともある
・別居中会う場合は、3人（夫、私、子ども）だけで密室（個室、車中、自宅など）の状況にならない

＜生活の中での考え方と言動について＞
・「家族は3人である」ことを肝に銘じる。自分の親やきょうだい優先ではなく、私と子どもを優先する
・夫婦の立場は平等であると肝に銘じる。何事も2人で話し合って決定する
・暴力をしない。暴言を吐かない。どならない。
・今後一切、私を「嫁」と思わない。そう言わない
・私のことを呼び捨てにしない。「おまえ」「オイ」「お母さん」などとも呼ばない。どんなときも（他人がいても）「○○さん」と呼ぶ
・女性のことは「女」と呼ばず、「女性」と言う
・「俺がやらせてやった」などと見下した言い方をしない
・周りに聞こえるような大きいため息をつかない
・小さい声でぶつぶつ文句を言わない
・いかなるときも「うるせえ」と言わない
・話しかけられたら無視しない
・命令口調で話さない
・自分のことや会社のことを私にさせない。自分でする
・私がフラッシュバック（注20）などでつらくなったときはそう言うので、そのつど説明責任を果たして共感し謝る
・連絡しないことで私を不安にさせない。毎日まめに連絡する

- 価値観を押しつけない
- 「しょうがない」という言葉はいかなるときも使用禁止
- 「仕事」を言い訳にしない
- 腹が立ったらタイムアウトをとる。私が子どもと外に出るときは妨害しない
- 物に当たらない（例：ドアを乱暴に閉める、持っている物を乱暴に置く、など）
- 遠いところから私を呼ばない。用事があるときは近くまで来て言う
- 家事や育児を進んでやる。家事、育児は2人の責任であり、私だけの仕事と思わない
- 家事や育児は自分のやり方を押しつけないで2人でよく話し合ってする
- 平日休日問わず、夜12時になったらパソコンや読書などをいっさいやめて寝る
- 休日は遅くても9時には起床する
- 食事をしながら携帯やパソコンを使ったり、新聞や本を読んだりしない
- 休日家族でいるときは携帯がかかってきても5分以内に話を終わらせる。私たちを待たせない
- トイレに携帯などを持ち込まない
- 何事においても人のせいにしない
- 自分の趣味の費用や、両親等へのプレゼントの費用などは、自分の小遣いを貯めて充てる。家計の生活費からはいっさい出さない
- 小遣いが足りなくなったとき、クレジットカードなどでキャッシングや借金をしない
- 私が経済的なことや金銭的な話をしても「金のことでガタガタ言うな」と言わず、きちんと聞く
- 過去の浮気や借金のことなどで開き直らない。常に反省を忘れない
- 「信用してくれないと困る」などと開き直らない。ふてくされない。ムッとしない

・意見が食い違っても以前のような解決の仕方をしない。以前のやり方は「話し合い」ではなく「DV」だったと認識すること

<義理の家族について>
・今後いっさい、私は義家族（義父、義母、義弟、義妹）と直接連絡をとらないし、会わないし、自宅に入れない。それについて何も言わない
・子どもと義家族との面会は、義父から義母に対するDVの影響を考慮して20歳まで年に2日とする。そのことについて子どもに「お母さんがだめだと言うから」などと言わない。それは子どもを使ったDVだと認識すること
・3人でいるときは、義家族のことを話題にしない
・義家族に私の話、及び私の両親やきょうだいの話はしない
・3人で撮った写真や子どもの写真は、私の許可なく義家族に見せないし渡さない
・私のメールを義家族に転送しない
・義両親に子どものことを「自分の孫」だからと自由にさせない。何かするときは必ず私たち両方から許可を得てする。これらを彼らに納得させる
・私がこんなに義家族を拒絶するのは、私を「嫁＝奴隷」のように従わせてきた自分の責任であると認識し反省すること。けっして私のせいにしない
・子どもと2人だけの秘密をもたない。すべて私と共有すること
・早急に「本籍」を義父母の住所から現在の自宅に移す
・私が生きているうちは、私たち家族は夫の実家がある県には住まない。義両親と同居もしない
・私が先に死んだら私の実家の墓に入れる

<同居について>
・同居中、家で起きたことを、私がアウェアに相談したり、間に入って

もらったりすることに対して文句を言ったり異議を唱えたりしない
・ルールはいつでも私が更新可能とする
・3人での同居は更新制とする。同居に戻ったからといってずっと続けられると思わない
・自分は一生、保護観察中の身であることを心して暮らすこと

＜違反した場合について＞
・以上の約束を守らなかったと私が判断した場合は、即座に離婚を要求する。それに応じ、その後いっさい子どもにも会わないことを約束する

　読者のあなたはこれを厳しいルールだと思いますか？　彼はそう思ったようです。自分のグループの仲間にこのルールを見せ、承知できる項目もあるけれど、承知できないものもあると言いました。特に自分の親に子どもを会わせることを規制する項目は受け入れられないと言いました。そのとき、グループの仲間は彼の気持ちに共感して、厳しすぎるルールだと言ったり、受け入れられない項目についてどう交渉したらいいかコメントしたりアドバイスしたりして、ひとしきりさまざまな意見が出たあと、ある人が次のように発言しました。
　「これらはすべてやって当たりまえのことです。すべてが彼女からの突きつけで、これはいいがこれはだめなんて言えることじゃあありませんよ。すべてを受け入れるかどうかです。これはポツダム宣言（注21）です！」
　名言にグループがはじけました。読者で、これを厳しいルールだと思った方は、DVが虐待であることや、加害者の親の多くがわが子を擁護し加担することで、被害者に2次被害を与えて苦しめ、子ども（孫）にも悪影響を与えていることに気づいてください。
　この女性は、夫婦の関係を維持するためにはこれらすべてのことが重要で必要だということを彼にしっかり伝えたかったので、あえて厳しいことも含めて書いたと言いました。彼はその後しばらく時間をかけて考

えたようです。グループは彼に考えるきっかけを提供したようです。

（注20）フラッシュ・バック：過去のトラウマ（心的外傷）体験を連想させるような場面で、そのときの記憶が突然よみがえってきて、さまざまな反応を引きおこす状態
（注21）ポツダム宣言：1945年7月26日に、ベルリン郊外のポツダムにおいて、米・英・中、3カ国の名で（のちにソ連も参加）発せられた大日本帝国（日本）に対して、無条件降伏等を求めた全13か条から成る宣言。日本はこれを受諾し、第2次世界大戦は終結した

15 アウェアの目標

　別居しているある被害者に、パートナー面談で「どうしたいですか？」と聞いたら、「離婚は考えていません。でも彼が広い家に居座って、私と子どもたちが狭いところで不便な生活を強いられているので、彼に早く出ていってほしいです」と答えました。そこで、アウェアは彼が1日も早く家を出ることを目標にしました。彼は自ら「精神科で自己愛性人格障害だと診断をくだされました」と繰り返しグループで言う人です。職場の人にも暴力をふるうという反社会的言動をするような深刻な問題を抱えた人でしたが、1年経ったころ、自分が出て行く責任があることだけは理解できたようでやっと出て行きました。アウェアは加害者の更生を支援しつつ、被害者が求めることに応えて支援するところですから、このように加害者に対する密かな目標を設定することがあります。
　アウェアに来る男性の多くは、面談の時点では、彼女を取り戻したいし取り戻せると思っているようです。間に合って取り戻せるケースもありますが、別居から離婚へと進むケースもあります。アウェアに来るまえに、DVのせいで相手の心はすでに遠くに離れてしまっているからです。アウェアは、自分を変えたいと思う加害者の更生を支援する場であり、それが被害者支援になることを目指している場です。ですから加害者が相手をあきらめられないけれど、相手はもう離れたり、離婚しようとしたりしている場合は、加害者が相手の気持ちと決断を受け入れられ

るようになることを目標にします。目標は達成できる場合もあるし、その前に男性がプログラムをやめてしまう場合もあります。

　なお、別居中の婚姻費用も、離婚後の子どもへの養育費も、同居の場合の家計費の支払いも加害者が果たすべき大きな責任です。払わないのは経済的ＤＶです。払っていない人がいれば、面談でもグループでも話題にしますから、現在参加している人は全員が支払っています。

4章

DV加害者は変わらなければならない

1　変わらない加害者

　DV加害者は変わらなければなりませんが、まったく変わらない人や、変わったように見えてもまたやってしまう人は多いです。まず変わらない人たちのことを紹介します。変わらない人たちは次のようなことをよく口にします。

・こんなこと（プログラムに参加すること）がいったい何の役に立つのかと思ってしまいます。
・彼女はいったい、いつ癒えるんでしょうか？
・こんなふうに別居生活が続くなら夫婦としての意味がないと思います。
・自分の暴力は確かにまちがっていました。でも彼女にも責任があるから彼女にも変わってほしいです。
・僕は変わったのに彼女はそれを認めてくれないんです。
・アウェアで学んだことと、反省と謝罪の言葉を便箋3枚に書いて送りました。
・彼女が離婚を決意したら僕がここに来る意味がないと思います。
・DVは僕のせいじゃなくて親のせいだから、アウェアに通ってもむだだと思うんです。
・両親は「悪いのはおまえだけじゃない」とわかってくれて支えてくれます。

　プログラムをやめる理由は、相手が離婚を決意したから、自分を変える努力をするのがいやだから、もう離婚して楽になりたいから、自分だけのせいではないからなどさまざまです。仲間同士で、来なくなった人に「また来ないか」と誘ったりすることもありますが、来なくなった人をまたプログラムに向かわせることは基本的に不可能です。米国などの外国で逮捕されて裁判所命令を受けてアウェアに通う人以外は全員任意参加ですし、アウェアに法的強制力はありませんから、アウェアが参加するよう仕向けることはできません。来なくなった人のパートナーが、

彼が変わるのを待っている場合は、彼が来なくなったことをアウェアから報告します。

　確かに加害者が変わるのはむずかしいことですが、「加害者は変わらないから加害者プログラムはむだで不要」という考えに私は反対です。評価の仕方は1つではないし、変化の仕方もさまざまです。からだへの暴力がやむこと、頻度が減ること、それらも変化の1つだと見れば「変わった」ことになります。加害者が真に変わったら、変わるのを待っている被害者への真の支援になります。変わらなかったら、被害者が相手を見限る決断がしやすくなります。被害者が「変わるチャンスをあげたのに彼はそれに応えなかった」というふうに考えることができるようになり、罪悪感をもたずにすむ場合もあるでしょう。それも被害者支援の1つだと私は思います。

2　変わる加害者はまずＤＶの考え方に気づく

　参加してすぐやめる人の割合は15％ぐらいで、現在参加している人たちの平均在籍月数は33カ月です。4年以上の人が数名います。グループの人たちを「仲間」と思えたり、アウェアが自分にとって「助けとなる場」だということに気づいたりした人は長く通います。私はこの仕事を14年してきて、変わらない人たちだけでなく、真剣に変わろうと努力する人たちを見てきました。真に変わり切る人は少ないけれど、参加し続ける人は少しずつ変わっていきます。自分を変えるための第1歩は、自分がしていたことがＤＶであると気づくことです。自分が「何を」「どのように」「なぜ」したかに気づかなければ、やめようがありません。それらがわかるようになると次のようなことを言うようになります。

支配
・責任ある仕事をまかされることで自分は特別な人間だという錯覚をし

ていたことに気づきました。人より優れているとか、力があるとか、特別だなどと思い込んで、妻を支配してしまったんだと思います。
・結婚したら妻は自分の所有物、奴隷、ペットのように思っていたことに気づきました。彼女が好きなことをしたり、自分の意思で動いたりするのは気分が悪かったんです。「食わせてやっているんだから俺がいつも気分よくいられるようにしろ」とか、子どもが3人もいるのに「面倒なことをするのはいやだ」と言ったり、妻が文句を言うと「そんなのは納得ずみで結婚したんだろう？」と平気で言ったりしていました。
・夫である自分がもつ家庭運営権というようなものがあると思い込んでいました。
・夫婦でなにか議論するたびに主導権を握ろうとしていました。
・自分が正しいことを証明したくて大声を出し、相手を黙らせていました。悪いことをしている意識はまったくありませんでした。
・彼女に家計簿をつけるようお願いしました。でも、それはお願いではなくて自分が勝手に決めてやらせたんだと思います。僕が申し込んだ家計管理の講座にも彼女を連れて行きました。それらは経済的暴力だと気づきました。
・職場では、機能性・効率性・経済性が大事です。それらを大事に考えて行動する自分は優れているし、自分は正しいと思い込み、家でもそうやって相手を納得させようとしていました。仕事と家はちがうことに気づきました。
・職場の縦社会意識を家庭に当てはめていました。家族の中心である自分は「正しい」でいたいんです。でも、それは自分を守るためだったように思います。
・彼女に憲法を読むように言われました。私がしたことは彼女の「基本的人権を侵す行為」だということなんだろうと思います。

期待の押しつけ

・妻には「こうなってほしい」という気持ちがありました。操り人形み

たいに自分の思う通りに動いてほしかったんです。
- 「おまえだけはそんなこと言うなよ、わかってくれていると思ったよ」という気持ちをもっていたと思います。伝える努力をしていなかったんです。でもそれは甘えに他ならないし、欲求や期待がうらぎられたとき怒りになります。相手のために何かすると見返りを求めてしまったし、相手が喜ばないと怒りがわいたことに気づきました。
- 甘えさせてほしい。でも相手の甘えは受け入れなかったんだと思います。

特権意識と見下し
- 女はバカで弱い者と思っていました。
- 「自分の女だ」という感覚が強かったと思います。人というより女として見ていました。女性を見下していたから、彼女に対して「俺の意見を聞け！　俺に勝とうとするな」と考えていたことに気づきました。妻が「いつもリーダーでいなければなんて思わなくていいよ」と言っていたことを思い出しました。
- 結婚前は可愛いと思えた彼女が、結婚後はその可愛さが弱みに見えるようになって尊敬しなくなったことに気づきました。
- 「おまえはバカだから俺の言っていることがわからない」、「おまえは世の中がわかっていない」など、何気なく言う言葉が相手をとてつもなく傷つけていたことがわかりました。
- 「あなたは自分のＤＶをまるで他人ごとのように話す」と皆さんに言われても、その意味が31回通ってもわからなかったけど、最近やっとわかるようになってきました。自分には強い特権意識があることに気づきました。男だから、彼女より年上だから、1流大学出だからと妻を見下していました。

妻には負けたくない
- 妻をほめると自分が負けるような気がして、ほめたことがなかったことに気づきました。
- 負けたくないけど自信がない。でも優位に立ちたい。だから自分の主

4章　DV加害者は変わらなければならない　125

張を押しつけていたんだと思います。そういかなくなりそうなときはバカにしたり、けなしたりして、相手を貶めることをしていました。
・妻に「ごめんなさい」と言って謝ると負けることになり、立場が不利になると思っていました。

男らしさの思い込み
・家庭を振り返らない男はカッコいいと思い込んでいました。
・男らしさの刷り込みから「イヤだ」と言えなくてしんどかったんだということがわかりました。我慢を重ねてイラつき、俺がこんなに我慢しているのにと怒りがわいたんです。
・「うれしい」とか、感情を素直に言えませんでした。「つらい」とか「悲しい」なんていうことは自分の弱さをみせるようでさらに言えませんでした。
・「男らしく」、「夫らしく」自分がふるまうことは大変なことで、「こんなに俺はがんばっているんだから特権があって当たり前」と考えていました。

男のプライド
・普通に給料をもらっていないことから劣等感を妻に対してもっていて、その裏返しでDVしていたことに気づきました。男らしくないと思われるのがいやで人の目を気にして、「どうせ僕は稼ぎのない情けない男だから」とすねて、「だから僕を立ててくれよ」になっていたんだと思います。妻は「お金じゃないのよ」と僕に何度も言ってくれたのに、僕は気づかなかったんです。
・彼女に腹が立ったのは、彼女の言うことが的を得ていて正しいからなんです。バカにされているような気がして、男のプライドが傷ついたんです。でもそのプライド自体が問題なんだと気づきました。
・男は家庭の中でリーダーであるべきという考えをもっていたから、自信がない僕はそれを隠すために自己正当化していたんです。

暴力容認意識
・子どものころ読んだ漫画の主人公に憧れました。その主人公が暴力をふるうんだから、暴力はカッコいいとしか思えませんでした。だからまねをしました。負けるヤツはだめ。弱い、価値のないヤツと見なしていました。
・「暴力＝愛情」だと思っていました。それは「愛」ではなく、暴力を使うととりあえず言うことを聞かせられて簡単だから選んでいただけだということに気づきました。
・ゲンコじゃなくて平手でたたいているから暴力じゃないと考えていました。

無関心・自己中心性
・ずっと相手に無関心だったような気がします。
・いっしょにいるのが楽で、長所も短所も見せられ、あるがままの自分を自然に出せる相手がいいと思っていたけれど、自分だけがそうしていて、相手に対する気遣いがまったくなかったことに気づきました。
・パートナーからの愛情は水や空気と同じで、与えられて当然と思っていました。
・妻がこれから人生で何をしたいと考えているのか知ろうとさえしなかったです。自分のことだけ。自分が第1だったことに気づきました。
・相手に自分の自己中心性を指摘されると怒っていました。認められるようになったのは別居してから1年以上経ったころです。

育った家庭・親との関係
・父親は殿様でした。家の中の絶対君主で家族みんなが気をつかいました。父親が帰宅すると僕たち子どもはさっと正座し、テレビはＮＨＫに切り替えました。そういう父親をいやだと思っていましたが、知らないうちに自分がまったくその通りになっていました。
・実家に行ったあと妻との間にいつもトラブルがおきました。それは実家の価値観が自分に戻ってきてしまうからだと気づきました。

- 母親に甘えられなかったので、妻に甘えたいと期待していました。どんなわがままを言っても受け入れてもらえるし、何をしてもらっても「してもらって当然」という感覚で接していました。感謝すべきだったのに不満を言ったり非難したりしていました。
- 私は親から「金を稼げ、名声を得ろ、出世しろ」と言われて育ちました。そうしようとがんばってきたけど、このごろほんとうにそうなのか疑問に思っています。

そのほかの気づき
- 僕たちは「妻に会話していただく」という気持ちをもたなければならないと思います。いっしょにいることが当たり前に感じると甘えていることに気づけなくなります。
- なにかあると自分の気がすむまで相手に噛みついていました。まったく僕はライオンみたいでした。彼女が僕をきらいになって当然です。
- はじめはアウェアに通うのがいやで、こんなことやって何の役に立つのかと思っていました。10カ月ほど経って最近は、しんどい作業だけど不思議と前向きになれます。
- 妻と子どものために仕事をがんばっていたけれど、それで疲れて余裕をなくし、彼女に甘えてＤＶするんじゃ本末転倒だとつくづく思います。
- 誰かに対して怒りを感じたとき、それが他人だったらこんなことしてはいけないとブレーキをかけられるけど、それが彼女だったら爆発していい、このぐらいの爆発は許してくれるはずと思い込んでいました。だから自分で「ＤＶスイッチ」を押していることがわかりました。わかっていてもまだ自分を守ろうとしてスイッチを押して声をあげたりすることがあります。

3　学んだことを行動に移す

　さらに気づきを進めた人は、次のように、学んだことを実行するよう

になります。

- 「じゃあ〜するよ」とか「だったら〜するよ」はどちらもＮＧだから言わないで、代わりに「わかった。そうするよ」と言うようにしています。
- 自分が男らしさの鎧を着込むとどうしても相手に女らしさを求めてしまいます。相手からは男らしさを押しつけられて息苦しかったです。だから男の鎧は脱ぐことにしました。つっぱって生きていかなくてもいいと思えるようになったら摩擦が生まれなくなってイライラしなくなり楽になりました。
- 言われたくないことを言われても、このごろはそのまま認めています。「そう僕は弱いんや。僕ってだめなんだ。カミさんの尻に敷かれて何が悪い」と心の中で開きなおるんです。そうしたら腹が立たなくなりました。
- 問題解決してやらないとカッコ悪いし、夫としての立場がないように思い、プロセスを無視して結論だけ出したくなっていました。今はワンテンポ置き、相手が何を言いたいのかまず聞くようにしています。
- 別居中のことを子どもたちには「お父さんは反省部屋にいる」と言っています。暴力という不法なやり方で妻を抑えつけた自分に非があるし、暴力の誘惑に負けた自分が悪いと思うからです。
- 自分の希望や意見を言わないようにしています。僕が言うと「そうしろ」と言っているように聞こえるらしいんです。
- 約束を破ると相手を深く傷つけるので、約束したら必ずやるようにしています。「時間がない」は禁句で、会社を休んでもやるようにしているし、できない約束はしないようにしています。
- 中１の息子をしかったらメモが枕もとに置かれていました。「お母さんに暴力をふるったお父さんに僕をしかる資格はない」と書いてありました。翌朝、家族の前で土下座して謝まりました。息子からは何もないけれど、妻は「よくやったね」と言ってくれました。これからも何度もやらなければならないと覚悟しています。

・DVをしないように踏みとどまる力というのは、筋力トレーニングのように常に鍛えていなければ身につかない力だと思うんです。だから僕はアウェアにはできるだけ休まず参加するようにしています。
・彼女に何かを頼んだとき「お願いします」と言ったら、「初めて言ったね」と言われました。
・このごろは妻の部屋に勝手に入らないという約束を守り、以前はまったくしなかった家事を分担するようになりました。夫婦で何かするときは、まず妻の意向や予定を聞くようになりました。最近、趣味で収集した靴を思い切って捨てました。インターネット・オークションなどで売ることも考えたけど、時間がかかるのできれいさっぱり捨てました。自分を変えるために捨てなければならないと思ったんです。(いったい何足あったのかと聞かれて) 約 200 足ありました。(どこに置いてあったのかと聞かれて) リビングルームに飾ってありました。(彼女は何と言っているかと聞かれて)「うちってこんなに広かったのね」と言いました。
・DVの本を読んで納得しても、自分の日常生活の行動はまったく変わりませんでした。そこで日記をつけることにし、それを半年続けました。自分が何かして妻に指摘されたとき、そのことを振り返って日記に書きました。慣れてくると、自分がまちがっていたことにあとで気づけるようになりました。
・以前は、家事と育児はすべて専業主婦の彼女の仕事だと決め込んでいて、帰宅後や休日、僕は何もしませんでした。でも、ある日自分でやってみたら幼い子どもをみながら家事をするってたいへんなことだとわかり、考えを変えました。今は帰宅したら僕も家のことをします。責任は半々だから当然です。休日も率先して家事・育児をやっています。「ずいぶん変わったね」と彼女が言ってくれます。
・定年退職し、家で妻の分も料理するんですが、食べながらテレビを見ているとき、妻に夕飯の時間が4時じゃあ早すぎるからもっと遅くしてほしいと言われました。気に入らなくて無視してテレビを見続けました。でも反省して次の日、無視したことを謝って4時45分にする

と言ったら妻が両手をあげて「バンザ〜イ」と言いました。

・2人の子どもの養育は妻があたり、僕は養育費を払っています。彼女のお母さんに「毎日大変な思いで子どもを育てている娘のために、あなたに何かできることはないか考えてほしい」と言われて考え、思いついたのがお弁当作りでした。職場がいっしょなので、毎日お弁当を2人分作って職場で渡します。1年続けています。ある日、食材が足りなくてお弁当が作れなかったことがあります。彼女にそう言って謝ったら「私は食材が足りないからって、子どもに食べさせないなんてできないんだからね」と言われました。「確かにそうだ」と納得しました。以前の自分なら、「たまに作れないからって文句を言うな」と考えて怒ってそう言ったと思います。

・子どもに会うことをあきらめた人

　離婚する際、子どもに会うための条件としてアウェアに52回通うことを元妻から突きつけられた人がいます。彼は新しい人が参加するたびに、それを参加の理由にあげて自己紹介をしていました。しかし、40回目ぐらいから「彼女に対して自分がいかにひどいことをしたかわかりました。僕はもう子どもに会わせてほしいとは言えないことに気づきました」と言うようになりました。彼は子どもに会う権利を放棄しました。実はこれは彼女が望んでいたことでした。子どもに会わせないと言ったら離婚に応じそうもないので、仕方なくアウェアに通うことを条件にしたとパートナー面談で聞いていました。1年以上経ってやっと気づいた彼に、私から彼女のほんとうの気持ちを伝えました。彼女には彼の気づきの言葉を報告することができました。彼女は口頭だけでは安心できないので、なにか証明書がほしいと言いました。そこで彼に公証人役場へ行くよう勧めたところ、面会交流の権利を放棄するという内容の宣誓供述書を作ってきました。彼の名前が記された封書は受け取りたくないと彼女が言うので、アウェアからそれを彼女に郵送しました。

・同居に戻るために転職した人

　妻と子どもは彼女の実家の近くに暮らし、他県に別居しながらプログラムに通って２年ほど経った人が、子どもの小学校入学をきっかけに彼女から同居に戻ろうと言われました。彼は妻の望みを優先し、妻の住むところから通勤できる会社に転職しました。彼は、転職したことで不都合なことやストレスがあっても、けっして彼女のせいにしないと仲間の前で誓いました。

・ＤＶをする親に対峙した人

　この男性は父親が母親にＤＶしている家で育ちました。彼は子どものころから、傷つきと怒りを抱えて生きてきていて、特に父親に対する怒りと憎しみは大きかったそうです。妻にＤＶする自分を変えようとがんばるようになってはじめて、傷つきと怒りを父親にぶつけて、父親にも変わるよう突きつけることができたと言います。そして両親に向かって「父親が言動を変えて２人の関係が変わらなければ、子ども（孫）に悪影響を与えるから会わせない」と宣言したそうです。ＤＶをしている、あるいはしていた親に向かって、自分の気持ちや考えを伝えることは勇気が要るし、むずかしいことですが、気づきを進めた人の中には、それをする人がときどき出てきます。

・真に変わるために必要な「相手への共感」

　ＤＶをしてしまった男性たちは、仲間同士では「あなたも大変ですね」とか「それはつらいですね」と言ったりして共感がすぐできます。グループで振り返りをしながら泣く人がときどきいますが、そんなときは「僕たち仲間じゃないですか」などと言ってなぐさめたり、励ましたりします。子どもへの共感も比較的早くでき、子どもを傷つけてしまったと涙ぐみながら話す人は多いです。しかし、もっともむずかしいのがパートナーへの共感です。それが少しずつできるようになった人は次のようなことを言うようになります。

- 彼女が今でも回復できず苦しんでいることが想像できるようになりました。だから離婚した今、彼女にしてあげられることは、自分の影を消すことだけだと思っています。ＤＶ加害者が離れたパートナーにできることは、口を出さずに金だけ出すことです。
- 今、私にできることの１つは、彼女の気持ちに共感することです。だから妻がつらそうなときは必ずしっかり聞くようにしています。謝って、もう２度としないと誓いをあらたにします。そんなとき、私にも彼女の気持ちがわかり、２人で泣いてしまうこともあります。その誓いを忘れないように、色紙に「償い」と大きく書いて壁にかけてあります。それを朝に晩に見ることで、相手の立場を思いやることを忘れないようにすれば、責められても耐えられると思うからです。

・「変わった」とパートナーに評価された男性の話

　ある日、アウェアに通っている男性たちにとっては先輩で、妻に「変わった」と評価された人がグループに来て体験を語ってくれました。一部を紹介します。

　「自分のまちがった価値観に気づけば気づくほど、自分がなくなってしまうように感じて自信をなくし、自己嫌悪に落ち込んでつらい時期がありました。皆さんもそうかもしれない。でもそれは自分を失うことではなく、自分が変わるためのプロセスだったことがあとでわかりました。別居して子どもの誕生日にさえ呼んでもらえなかったときは、狭いアパートでふとんをかぶって泣きました。同居に戻ってもつらいことがいろいろありました。彼女がワーッと怒りやうらみをぶつけてくるときは、とにかく聞きました。またＤＶしてしまったらそれで終わりだから、タイムアウトは何度も取りました。トイレへ駆け込んだり、顔を洗ったりして自分を落ち着かせてまた戻りました。仕事のストレスは家にぜったいに持ち帰らないようにしました。玄関のドアを開ける前に顔の筋肉の体操をして、口角をあげて笑顔を作り、元気のいい明るい声で『ただいま！』って言って入りました。仕事より家族を優先して残業しませんでした。降格されてもいいと腹をくくっていましたから。離婚されるこ

とはとても怖かったけれど、もし離婚されてもそれは自分がしたことの結果なんだから受け入れようという気持ちになったらとっても楽になって、ずっとよく眠れなかったのがよく眠れるようになりました。」

・デートＤＶの青年
　20代の青年が52回通ってプログラムを修了しました。彼は米国カリフォルニア州を旅行中、ガールフレンドにからだへの暴力をふるって通報されました。逮捕・拘留・裁判を経て、52週の更生プログラムを日本で受講することを条件に執行猶予となって帰国しました。彼はＤＶ家庭に育った人でした。52回目の最後の日に意識チェックをしてもらいました。それは最初の面談のときにしてもらった意識チェックと同じものです。彼は1年前には「そう思う」、あるいは「どちらかというとそう思う」に〇印をつけた次のような項目について、最後の日は「そう思わない」に迷うことなくスラスラと〇印をつけました。
・パートナー（妻やガールフレンド）が勝手なことをしたら男性がどうするかを示すのは男の権利だ
・女性がたたかれるのは、そのようにパートナーの男性に仕向けるからだ
・子どもをたたいてしつける権利が親にはある
・DVはけんかなどその場限りの怒りによってふるわれる暴力だ
・男性には扶養している家族をコントロールする権利がある
・自分が怒るのはたいていパートナーがきっかけをつくるからだ
・妻は夫と平等になんでも発言していいとは思わない
・夫に暴力をふるわれた妻が警察に通報するのはやりすぎだ
　彼は1年前に同じものに記入したことを覚えていないと言ったので、私は2つを彼の前に並べました。彼はびっくりしていました。自分のＤＶを引き起こしていたまちがった考え方や価値観を学び落とすことができたことに気づいたのです。態度・行動まですっかり変えられたかどうかは、親密な関係の人がまたできるまで彼にもわかりません。しかし、彼は「アウェアのプログラムで学ぶことで暴力に替わる選択肢をもつこ

とができたからだいじょうぶだと思う」と言いました。彼のような若いデートＤＶ加害者がアウェアに来ることはまれです。「若者が学ぶきっかけを得られたら変われる」ことを彼は示しています。若い人ほど気づいて決意したら大きく変われるのではないかと思いました。彼は将来警察官になりたいと言いました。私は彼が２度とＤＶの加害者にならないことを、そしてＤＶやデートＤＶ事件に対応するとき、被害者の立場に立つことができる警察官になることを願っています。

・**加害者のための「セルフ・ヘルプ・ルーム」を13年続けた人**

14年前の最初のグループに参加した男性（１章で証言しているワダさん）は、アウェアと同じ建物の小さな部屋を１年後に借りて、男性の自助グループの場をつくり、つい最近、建て替えのため立ち退きを迫られるまで13年間、自分の小遣いで借り続けました。男性たちはこの部屋をプログラムで話せないことなどを話す場として役立てていました。立ち退きの日、彼と妻がいっしょにテーブルや椅子など運び出しに来ました。「彼はまだＤＶ的なところがあるけど、もう彼が怖くないし、言いたいことが言えている」と言う彼女の明るい表情が印象的でした。

4　加害者の説明責任

　ランディ・バンクロフトさんの著書、『ＤＶ・虐待加害者の実体を知る』に、加害者が踏まなければならない「13の変化のステップ」が書かれています。その中に、「加害者は自分のＤＶについて詳細に語れるようにならなければなりません」という言葉が何回も出てきます。加害者が果たさなければならない責任の１つが、自分のＤＶについて説明することです。説明責任を果たす方法として、アウェアではリポートを書いてもらいます。自分のＤＶについて、何をどうやったのか、なぜしたのか、相手をどのように傷つけ、２人の関係がどうなったのか説明し、それらはすべて自分の責任であることを認めて、自分の言葉で書く作業です。

自分が楽になるためでもないし、相手の許しを求めるためでもありません。

　書いたものを彼女に見てもらえるとは限りません。すでに離婚していたり、連絡をいっさい拒否していたりする相手には問い合わせもするべきではありません。被害者の中には、それを読みたいという人と読みたくないという人がいます。説明責任のリポートは、基本的には加害者本人のためのものです。説明責任を果たすことは、自らのDV行動を認識し、その責任は自分にあると認めることです。書くことは、考えて、まとめて、確認する作業ですから、加害者にとっては重要で必要な作業です。3人の男性が書いた、説明責任を果たすためのリポートの一部を紹介します。

■タムラさん（30代）

・「妻らしさ」の思い込みによる差別

　私は彼女を対等な人格と認めて尊重する必要性をまったく感じていませんでした。きわめて自然に妻は家事をして夫に尽くすもの、夫婦としてよい関係を築くために妻は努力すべきであると考えていました。私の気に入らないことがおきるのは、私が言葉に出さなくても私の気持ちを察する能力みたいなものが妻に足りないからだと思いました。つまり無意識に彼女を見下して差別していたのです。

・自尊心を満たすために支配

　私は自分の自信のなさと支配欲をDVに結びつけてしまいました。私は自分の自尊心を満たすために、自分の持ち物である（と思っていた）妻を支配するという手段を使ってしまいました。ですから彼女に素直に謝ることも、彼女の意見を聞いて自分の行ないを正すこともできませんでした。自分を変えることは面倒だったし、ダメな僕でも許してほしいと考えていたので、彼女をずっと苦しめてしまいました。彼女には「私の人生の邪魔をしないで」とか「あなたの教育のために私がいるわけじ

ゃない」と言われたことがあります。

■ワタナベさん（40代）

　私がアウェアの扉をノックしたのは、どうして大切な妻に対してひどいことをしてしまったのか、答えを見つけるためでした。2年通った今、その答えが見えてきました。私は女性を「差別」していました。差別とは、ある辞書に次のように書いてあります。「優越感を味わおうとして、偏見に基づいて、自分より弱い立場にある人や、何らかの不利な条件を負っている人に対して侮蔑的な扱いをすること」。では、なぜ私はこの通りのことをしたのか？　育った環境か？　いや、自分を取り巻くすべての環境の中に女性に対する偏見がたくさん存在していることに気づきました。この環境の中で、私自身の生きざまをどうしたらいいのか、どうしたら男としての自分をアピールすることができるかを考えたとき、私は女性に対する偏見をもつことを選んだのだろうと整理できました。今思うと、チープでイージーなつまらない選択をしたように思います。今後はどうしても上から人を見てしまいがちな自分を意識し、常に自分はDVをやってしまった最低な人間であることを肝に銘じ、あらゆる人に感謝しつつ生活していこうと思います。

■コンドウさん（20代）

　彼は52回以上休まず通い、最後の1～2カ月は、前述の男性のためのセルフ・ヘルプ・ルームで毎回2時間ぐらい居残りをして、18枚のリポートを書きあげて去って行きました。彼は参加途中で離婚しました。

　私は彼女に数限りない暴力をしてしまいました。殴る蹴るといった身体的暴力だけでなく、プログラムを通して知った「力と支配の輪」にあるような精神的な暴力や経済的な暴力を繰り返しふるい、償うことできないほど心とからだにダメージを負わせてしまいました。どういう場面

でこのような暴力をしてしまったのか、具体例を思い出しながら自分の暴力を振り返ります。

暴力行為の認識
・お金のつかい道をチェックする
　小さな額の買い物でも大きな額の買い物でも、私の同意なしにすることは許さなかったと思います。私の意に反したお金の使い方をすると腹が立ったんだと思います。例えば、食事の後はコーヒーを飲みたい彼女に対して、私はそうではなかったので否定的に見ていたし、そのコーヒーを残すことがあった場合、執拗にもったいない、などと言って次回はやめさせようとしていました。

・命令口調
　私は常々命令口調で彼女に接していました。彼女には言い方を変えるよう注意されていましたが、「それはこの地域独特の言い方で、方言みたいなものだからなおらないんだよ」と言っていました。ただの言い訳です。妻以外の人に対してはそういう言い方をしないし、妻と付き合っているころはそういう言い方をしなかったのですから。思えばその言い方は、父の母に対する言い方とまったく同じでした。私は父のその言い方がきらいでした。

・人前でたたく
　ショッピングセンターなどで、人前でも彼女の肩を軽くグーでたたいたりしていました。中高生の男子同士でやる1種のコミュニケーションで、当時流行っていました。彼女はイヤがり、傷つくと言ったにもかかわらず、私は続けました。彼女の気持ちに耳を傾けず、相手は妻なんだから何をしても許されるという甘えの心があったのだと思います。

・彼女の大切なものを壊す
　離婚の話をしていたとき、結婚式で使った2人の似顔絵の色紙を彼女

の目の前でビリビリと破りました。また私が会社でもらった賞状を、「こんなの何の意味もなかったんだね。頑張ったのがバカみたいだ」と皮肉を言いながら、彼女の目の前でビリビリと破りました。彼女のせいでこうなってしまったと責任転嫁するのが目的でした。

・私は何でも知っているという態度をとる
　彼女はある業界の専門学校への入学を考えていました。私はその業界のことについて何も知りませんでしたが、あたかも知っているかのように、経済的にデメリットのほうが多いと言ったりして私の考えを押しつけて、彼女の考えを拒みました。

・怒りから暴力へ
　あることで意見がくいちがったとき、私は彼女に矢継ぎ早に自分の考えをぶつけました。突然彼女が「怒らないで！」と叫びました。そのとき彼女が運転をしていたので、私は「黙って運転しろ！」とどなりました。そして車を路肩に止めさせて、隣に座る彼女の腕を何度も殴りました。そして彼女を知らない土地に置き去りにし、怒り心頭のまま車で1人で帰りました。1時間ほど経ったころ、反省していれば迎えに行ってあげるという態度で彼女を迎えに行き、荒い運転をしながら帰りました。暴力をふるうだけでは飽き足らず、こうやって罰したんだと思います。

・地理が分からないことをバカにする
　「九州の全県を言ってみな」とか「信濃川ってどこ流れてる？」と質問したときに彼女が答えられないと、「なんでそんなことも知らないの？」とバカにしました。彼女が知らないことに対して執拗に責め、「こんなの常識だよ」と言って彼女を笑いました。でも彼女が猫の種類やインターネットについてよく知っていて、私が知らないことがあっても彼女はけっしてそういうことはしないで、「あなたが知らないこともあるんだよ。得意分野は人それぞれだから」と言ってくれました。私は彼女のそういう考え方とやさしさを理解できずにいたんだと思います。

・自分が悪いと思わせる

　離婚をする数カ月前、彼女はこう言いました。「もうＤＶはなおらないね。もういいよ。私はＤＶで殺されても本望だよ。ついていくよ」。こんなに悲しい言葉を、言葉として成立しない言葉を吐かせてもなお、私は自分のことしか考えていなかったのでこう思いました。「やっとわかってくれたのか。これからも大切にするよ」。こんな歪んだ現実にも当時は大きな疑問はありませんでした。彼女のこの言葉は、私のしてしまったＤＶがどれほど彼女を混乱させていたか、その重大さを痛感させられる、忘れてはいけない言葉です。

・自分の意見を押し通す

　常々彼女から、あなたとは話し合いができないと言われていました。意見がかみ合わないときには、私は自分の意見を押しつけるために身体的な暴力をふるい、言葉で彼女をけなし否定し続けました。論点をどんどんずらし、結局何の話をしていたのかわからなくなるよう煙に巻いていました。「あなたとは話し合いができない」という言葉は、私が自分の意見を押し通そうとずっとしていた結果出た彼女の言葉だと思います。

・彼女の仕事は私が選ぶ

　私は彼女がどの仕事に就くかを決めていました。彼女の希望する職業の給料が、私が考える額に満たない場合、私はその仕事の大変さを説明し（何も知らないのに知っているような口ぶりで）否定していました。「そんな給与で貯金なんかできないよね。子どもがいない今のうちにいっぱい働いて貯めとかなくては」と彼女に言ったことを覚えています。彼女の希望に関心を持たず無視することで、私の考え方を通そうとしました。

・離婚のことで私がした感情的虐待

　「好きなんだけど、別れるしかないんだよ」と言う彼女に対して、私は何度も何度も感情的に傷つけるようなことを言いました。次のようなことを、言いたいときはかまわず続けました。逆に私が聞きたくないと

きは、疲れているからとか、もう話すことはない、などと脅しを含む言い訳をして彼女の話を遮りました。
- あなたの愛なんて所詮そんなもんなんでしょ
- 今までご飯を作ってくれたりしたことは、すべて慰謝料をぶんどる準備だったんだね
- あなたはほしいほしいばかり、あと何をすればいいのさ
- 炊事洗濯などの家事、あなたは完ぺきだったの？　私は毎日仕事で大汗かいているのに
- あなたを好きになってくれる人なんてこの世にはいないだろうね
- あなたの両親にはなんていうの？　暴力のことは言わないでね、あなたにも悪いところがあるんだから
- ほんとうに1人になっちゃうよ

——このような言葉による暴力を続け、彼女が泣き始めると、
- ほら、言い返せないじゃない
- 私の言う通りにしていれば孤独になることはないんだからだじょうぶだよ
- 泣くな、自分で決めたことなんだろ！

　彼女がひとこと「ひどい」と言ったことがありました。離婚を選択させないために、彼女に罪悪感をもたせて暴力でコントロールし、別の場面では優しく言葉をかけて彼女に答えを委ね、それでも離婚を選択すると彼女が言うと、上記の精神的侮辱を繰り返していました。離婚が迫るにつれて、そのサイクルはとても短くなっていきました。朝に暴言を浴びせ、昼に落ち着き、また夜に暴言を浴びせました。最後の最後まで暴力を用いてコントロールをしようとしました。

　以上、自分のしたDVの具体的な場面を列記しましたが、「力と支配の輪」の中にある暴力のほとんどが私にも当てはまるので、これだけではないはずです。暴力や虐待は私自身の奥底にある価値観や考え方を貫くための手段なので、そのほかのDVの場面や事実を思い出して認める作業を継続します。

ＤＶによるダメージ

　これを書く作業を通じて、私のＤＶの起源や特徴を理解するためには、事実を思い出すことと彼女が発した言葉を思い出すことが有効であることがわかりました。そして彼女の言葉にはどうすればよかったのかの答えがそのまま表れていることもわかりました。私は彼女が言ってくれた「あなたのしていることはＤＶだよ」、「もう暴力はしないで」、「耳鳴りがとまらない」、「愛されている実感がない」などのＳＯＳの言葉や感情を無視し続け、共感を示しませんでした。さみしいとか、つらいという感情は、彼女の「わがまま」とすら思っていました。その結果、私は彼女を孤立させ混乱に陥れたのだと思います。そうすることで私の価値観の押しつけが容易になり、コントロールがしやすくなるからです。私は彼女の自信や自尊心を砕き、希望や喜びを奪い、絶望に追いやってしまいました。

　ＤＶによるダメージは過去・現在・未来において消えることがない、ということを学びました。プログラムで、被害を体験した方から直接体験談を聞くワークがありました。ＤＶがあったことは何年経ってもけっして消えることはなく、ある言葉や場面に遭遇すると過去がフラッシュ・バックし、不安や恐怖を感じることがあるということや、もう10年以上前の出来事を最近経験したかのように感じるということなどを話してくれました。ＤＶはそれほど記憶に刻まれ、いつまでも苦しみを覚えるものだと学びました。彼女の人生を踏みにじり、これからも消えることがない大きなダメージや恐怖をもたせてしまった私のＤＶは、何をしても許されるものではないし、何をしても償うことができません。むしろ私が何かすることで、彼女に過去の恐怖をよみがえらせ、また傷つけてしまうということも学びました。

謝罪と誓い

　私は彼女に対して何もできませんし、何かをしてはいけないと思います。私がしていかなければならないことは、ＤＶの責任はすべて自分に

あることを認め続けることです。DVは私が選択したことであり、彼女には何一つ悪いことはありません。DVによって、彼女のかけがえのない人生に消すことのできない深い傷を負わせてしまったことを私は一生忘れません。お詫びの言葉や行為は何も意味がないかもしれませんが、ほんとうに申し訳のないことをしてしまったという重みを感じています。

　自分は本格的なDV加害者であり加害者性を克服することは容易ではないことを自覚したうえで、自分自身のDVを風化・正当化・矮小化しないことを誓います。社会の中でのあらゆる暴力を否定し、人を尊重できる人間になるための学びを一生継続していくことを誓います。そして彼女が今も、これからも、抱えていくかもしれないダメージをけっして忘れません。

5　変化への長い道のり

　女性たちがプログラムに通う加害者のことを次のように言います。「プログラムを終えた日曜日は仏さんみたいですが、火曜日にはおかしくなります。水曜日には黒い雲がわいてきて土曜日は雷が落ちます」、「変わったと思ったから新しい家を買ったのに、またDVするようになりました」、「彼は実家へ行くと、とたんに元に戻ってしまいます」、「変わったと思ったのにまたDVされると前よりいっそう傷つきます」。加害者も同じように、「アウェアに行ったあと2〜3日はいいけど、またイライラし始めて居心地が悪くなり、アウェアに行く日が待ち遠しくなります」と言ったりする人がいます。

　「夫が変わった」と評価する2人の女性の言葉を紹介します。

・夫が2年アウェアに通い、こうして夫の生き方、考え方の変容ができたことは、奇跡としか思えないほどです。私自身もこういう体験によ

り、このプログラムを知ることになり、子育てやこれからの人生にとっても大きな道標（みちしるべ）となり、今までにない確実な方向性をもって人生を歩むことができるという自信を得たように思います。今、私は夫と暮らしています。これからも生活の中でさまざまなことがおこり、感情的になったりすることもあるでしょうが、もしも夫が私の許容範囲を超えるようなことをしたときは、まったく迷いなく進むべき道が見えています。夫がまた元に戻ったとしても、そのことによって悲しむのは私でなく夫なのです。

・1年半経ち、実のところ、私が苦しんだあの7年は何だったのかと思うほどの彼の変わりようです。今では私のほうが強いくらいかもしれません。もしまた同じようなことがあれば、自立の道もあり（現在、仕事をしています）、その強い気持ちで生きていこうと思っています。彼がアウェアに通っている間、アウェアから帰ってから毎晩、2人でその日アウェアで話した内容などいろいろと話し合ってきました。彼に私から意見することもあれば、お互いに同じ気持ちになったりして、私自身も彼を通して勉強させていただいた想いです。

　加害者はなかなか変われないし、変わるには時間がかかります。DVにつながるまちがった価値観に気づいて学び落とし（unlearn）、相手を尊重する価値観を学び（learn）、それを基にした態度・行動が身に着くまで努力し続けなければなりません。フッと気がゆるんだときまたやってしまうことが多いようです。加害者は後退してしまったときにはグループで正直に話し、あきらめないでそこで踏ん張らなければなりません。加害者性を克服するには、一生かかるのかもしれません。加害者に「変身」はないのです。決意と努力と忍耐と時間が必要です。その長い道のりをあきらめずに歩む人だけが少しずつ「変化」し続け、その結果「変わる」ことができるのです。

5章

社会が
DV加害者を生み出す

1　日本はＤＶ国家

　「日本はＤＶ国家です。アウェアで妻を対等・平等に見る価値観を学んでも、アウェアから１歩出たら、女性を見下す価値観や状況が待っているから、そんな中で自分を変えることはとてもむずかしいことです」と、ある参加者の男性が言いました。彼の言う通りです。加害者の多くが、子どものころから青年期、さらに大人になっても同じようにＤＶに結びつく価値観をずっと学び続けてしっかり身につけてしまっています。ですから少し変わっても、なじんだＤＶ的価値観に容易に戻ってしまうのです。

　また、ある男性は、「自分の親もそのまた親もＤＶでした。自分の友人のほとんどがＤＶしています。していないのは１人しかいません。今、僕はそのカップルとだけ、できるだけ接するようにしています。彼が妻に対してどんなときに、どんな態度をとり、どんな行動をするのか観察させてもらい学んでいるんです」と言いました。

　こういうＤＶ加害者をつくり続けている社会ってなんて不健康なのでしょう。米国ではＤＶは「パブリック・ヘルス（公衆衛生）」の問題である、と言われると前述しました。「みんなが安心して安全を感じながら生活できる社会」に、ＤＶはあってはならないことなのです。

2　なぜＤＶ加害者になってしまったか？

　加害者はいったいどのようにして生み出されるのでしょうか。ある20代の参加者が自分自身を分析した文章を紹介します。

　「アウェアのDV加害者更生プログラムで、なぜ彼女にDVをしてしまったのか考えているうちに、私の価値観や考え方が大きく関係していることに気づきました。DVに繋がってしまう価値観をどうしてもってしまったのかを考えることに多くの時間を割いた結果、DVに繋がる3

つの原因が見えてきました。

私がこれまで生きてきた社会にはあらゆる暴力があり、私はそれらを見たり聞いたり体験したりしてきました。育った家庭環境、小学校や中学校、部活、社会人になってからの職場、テレビドラマや漫画など、私が体験したいろいろな場面や出来事に暴力がありました。すべての人がそれらの暴力を体験していると思いますが、私は暴力を肯定的に捉えることで、問題があったら暴力を用いることは解決策の1つだと学んでしまっていたのです。また社会には上下の関係があり、下の人は上の人に従わなければならないことや、世間一般の常識に近いことが正しいのだから、失敗しないためには常識に従うことだという価値観を学んでしまっていたと思います。

　次に、私は、男性はこうあるべき、女性はこうあるべきという価値観をもっていました。男性は仕事で稼ぎ、女性は家事などをして家庭を守るという価値観です。彼女は「そんなの古いよ」と何度も言ってくれましたが、私は頑なに耳を貸そうとしませんでした。私が育った家庭やメディア等で見聞きした家庭像が私の抱く家庭像でした。私の意見は常に正しいので、それに従えばまちがえることはないという、とても傲慢な考え方をもちあわせていました。稼ぐ夫に家庭の舵を取る権利や決定権があり、妻はそれに従うべきだという考えと、私が正しくあなたは正しくないと彼女を否定的に見る目が重なり合って、夫婦を優劣や上下の関係に当てはめて勝手に決めてしまっていました。そして、しっかりと家庭を運営するためには、暴力を用いて妻に価値観を強制的に押しつけることがあっても問題ないし、特別なことではないという価値観があったのです。これらの考え方がDVにつながったのだと思います。私は彼女のことを「まちがう人間だ」と思い込んでいましたが、「彼女より自分の価値観のほう正しい」という歪んだ価値観がそう思わせていたのです。

　しかし、繰り返し暴力をしてしまった理由はそれだけではありません。

私は、暴力を用いることによってあらゆる「得」をしたかったのです。自分の思い通りにできると勝てたような気がして楽になり、気分がよくなります。相手や状況を自分の思い通りにしたとき、気持ちがスーッとしたり落ち着いたりして、癒されたように感じるからです。自分の優位性や相手に対する力を感じられるからです。ＤＶは、自分がいつも得をするため、それを守るため、維持するため、もっと得るために私自身が選択したことなのです。

3　ＤＶの要因1「力と支配」

　この若者が挙げたＤＶの要因は、どの加害者にも当てはまります。しかし、これらは実は、ＤＶ加害者だけでなく、私たち1人1人にも大なり小なり当てはまるのではないでしょうか？　自分もひょっとしてもっている価値観ではないか考えながら読み進めてください。ところどころに挿入したコラムをご覧いただくとよりわかりやすいと思います。

　要因1は「力と支配」の価値観です。
　「力と支配」の価値観は社会に満ちています。親としての絶対的な力を使って子どもを思い通りにさせようとする親はどこにでもいます。多くの"普通"の親が、脅しやアメとムチで子どもをしつけています。脅しは、例えば「宿題をやらなかったら夕飯抜きだ」「親の言うことを聞けないなら出ていけ」という言動や態度であり、アメとムチは、例えば「これができたらゲームのソフト買ってやる」、「テストで満点取れたら小遣いを増やしてやる」などです。また多くの親が、例えば「あなたのためなんだから塾へ行きなさい」などと親の考えや気持ちを子どもに押しつけて思い通りに動かします。これらは親による「力と支配」です。読者の皆さんもされたことがある、あるいはしたことがあると思い当たるのではないでしょうか？

学校では教師が生徒たちに「力と支配」を見せています。「そんな態度のヤツは落第だぞ」と脅したり、「何やってんだ、そこ！」とどなって黙らせたり整列させたりする教師をよく見かけます。部活の先生（監督）が生徒にビンタをくらわせたり罵倒したりして強い選手にさせようとします。大人たちが「力と支配」をやるたびに子どもたちはそれを学びます。そして親密な関係の人ができたとき実行してしまう人たちがＤＶ加害者になります。

　アウェアの加害者プログラムのグループで、あるとき「自分が育った家庭を思い出そう」という教材を使って話し合ったときのことを紹介します。親からの「力と支配」を感じた人がどのくらいいるか訊ねたら、8人中6人いました。6人の中で、家庭にＤＶはなかったけれどと前置きして、2人が次のように言いました。1人は「親は愛して励ましてくれたけれど、親の価値観を私に押しつけたと思います。親にとって安全で安心な選択肢をさも私のためだというふうに示したのであって、私を信じて選ばしてくれたのではなかったと思います」と言いました。もう1人は「いつも親に愛されようとして『いい子』をやっていて、親にほんとうのことを言いませんでした。いつも親の顔色をうかがっていました」と言いました。この2人の家庭には、親からのゆるやかな「力と支配」と「不適切な養育」があったようです。「不適切な養育」とは、親が自分や自分の都合を優先して、子どもの気持ちを気にかけなかったり、子どもの話を聞かなかったりすることも含まれます。子どもが情緒的に健康に育つために大切なことは、親から気持ちの表し方やお互いに尊重し合う話し方などを習い、親にしっかり向き合ってもらい、気持ちや考えを聞いてもらうことです。ところが、特に男の子たちにとって、周りにいいモデルがいないことが多く、生きていくうえでほんとうに重要で必要なことである、人を尊重することや、アサーティブな人との接し方（注22）や、共感の仕方などを学ぶことがないがしろにされています。親密な関係の人を支配する人は、このようにして"普通"の家庭からも出てくるのです。

一方、子どものころ親からの「力と支配」は感じなかったと答えた人が、8人中2人いました。1人は、「親は自分に決めさせてくれて、そういう経験が自信につながったと思います」と言いました。自分に自信があれば、人にもパートナーにもやさしくなれるのではと訊ねられると、「その自信が『僕は正しい』『僕が上』の考えになってしまったんだと思います。パートナーを対等だと思っていなかったから共感する必要なんてないと考えていました」と答えました。「ではどこで、何から、パートナーを見下し、支配していいという価値観を学んでしまったと思いますか？」という問いかけに対して、彼は「社会的な不正で得をしている人たちのこととか、国が自分たちは正義で相手は悪だと決めつけて戦争を始めることとか、女性を差別する社会のあり方など、社会的環境の中からDVにつながる価値観を学んでしまったんだと思います」と答えました。

　加害者たちがまちがった価値観を学んでしまった道のりはさまざまのようですが、彼らは等しくそれらを学び落とす必要があります。しかし、そうしなければならないのは加害者だけでしょうか？　実は私たち1人1人が、自分の中の「力と支配」の価値観に気づいて捨てなければならないと私は思います。

（注22）アサーティブな人との接し方：自分の要求や意見を、相手の権利を侵害することなく、攻撃したりすることもなく、誠実に率直に伝えること。

4　DVの要因2「暴力容認意識」

暴力を軽く考えること

　暴力容認とは、まず暴力を軽く考えることです。暴力シーンが社会に満ちていて、あらゆるメディアに表出しています。特に子どもたちが目にするテレビ・映画・まんが・雑誌・ゲームなどに、「問題解決の方法として暴力を使ってもOK」というメッセージが溢れています。悪を暴

力でやっつけるヒーローがカッコよく描かれていて、特に男性が攻撃的で暴力的なのは男らしいというメッセージになっています。女性をレイプするテレビゲームまで作って売るおとなたちがいて、彼らは女性を性暴力などで貶めることはたいして悪いことではないという醜い考え方を社会にまき散らしています。それを表現の自由だからといって取り締まらないことは、女性の人権侵害を許していることになると思います。

暴力は条件つきで許されると考えること

「暴力をふるってもいいですか」と聞かれたら、ほとんどの人は「いいえ」と答えるでしょう。しかし、どんな場合でも暴力をけっして許してはいけないと考えているかというとそうでもないのです。「恋人が思わず手をあげるのは嫉妬や愛情表現なら暴力ではない」、「愛情があれば暴力は許される」、「しつけや正義のためなら仕方ない」などと、多くの人々が暴力を条件つきで許しています。

暴力は愛情ではありません。暴力は犯罪です。暴力は相手を深く傷つけるし関係を壊します。「暴力＝愛情」という考え方は、親子でも恋人の間でも、まちがった考え方です。親にたたかれた経験は子どもに大きな悪影響を与えます。親はたたくたびに子どもに「暴力はOK」と教えているようなものです。しかし、親は「悪いことをしたからだ」、「言ってもわからないからだ」、「おまえのためだ」と言って子どもをたたきます。子どもは「私のせいだ」、「僕が悪かったからだ」と思い込み、親の言葉をそのまま受け入れます。その結果、暴力容認意識をもつようになり、それがのちにDVやデートDVにつながる可能性が高くなります。

加害者の多くが親からたたかれている

アウェアに来る加害男性の約半数がDV家庭で育っています。親などから、からだと心への虐待を直接受けた人が1割ぐらいいます。そして、親から「しつけとしてたたかれたことがある」という人が7～8割います。親にたたかれたことが「ない」と答えた男性でも、話を聞くうちに

「あった」と言う人がいます。「あった」のに「ない」と答えるのは、「親がたたくのは教育・しつけ」だから問題ではないと思っているからです。これは実は大変大きな問題です。また、親は娘より息子をたたきがちです。たたかれた男の子たちの気持ちがどのように傷つき、親のしたことをどのように受けとめるか、面談やグループでよく聞く彼らの言葉を紹介します。

・暴力には正しい暴力と悪い暴力があると思うんです。しつけのためにたたくのは正しい暴力です。
・たたかれる原因になったことをなぜしてはいけないかはよくわからなかったけど、たたかれると痛いし、悲しいから、それからはしませんでした。
・たたかれるのを理不尽に感じて腹が立ったし、気持ちが傷ついたと思います。でも、だれにどう言ったらいいのかわからなかったから心の底に沈めて忘れました。
・自分が悪いことをしたのだからたたかれてもしかたないと思っていました。

　子どものころ親にたたかれた経験を訊ねるのは、「親にたたかれたからDV加害者になった」という言い訳を彼らに与えるためではありません。言い訳にはなりません。親にたたかれたかどうか訊ねる理由は、その経験から暴力を容認する意識をもつようになっていないか、気づきを促すためです。同じ体験をしていても、おとなになってDVをしない男性は多くいます。女性にも親にたたかれた人は多くいますが、女性の場合はたたかれた経験が加害者になるより被害者になるほうにつながりやすいようです。
　だれであっても暴力をふるっていい理由などないし、暴力をふるわれてもしかたない人などいません。私たち1人1人が「暴力をけっしてふるわない・ふるわせない・許さない」と決意しなければなりません。

暴力はこうやって美化される

　作も演出も男性による『いとしの儚』という劇が2008年に公演されました。当時人気者だった元モーニング娘の藤本美紀さん（ミキティ）を起用しての舞台で、彼女は肌色全身タイツの"全裸姿"を披露したとか。解説はこうです。

　男は天涯孤独の流れ者の博打うち。手癖は悪いし意地も汚い人間のクズ。女は、墓場の死体を集めてつくられた女で名は「儚(はかな)」。生まれて死んだばかりの赤ん坊の魂を入れて完成させた美しい女。女が生まれてから100日間、男はこの女を抱いてはいけない。100日間を経たずして抱いてしまうと水になって流れてしまうという。2人は互いに惹かれあうが、男が博打で負け、女は女郎屋に売られる。しかしどんな男でもあっという間にいかせてしまい、けっして最後まではさせない。大評判となり、ついた名前が「させず太夫」。彼は女を見守る。そして99日目。あと1日で女の夢がかなうという日。女の夢は儚く消える。

　無垢で無知で何をされても自分に黙ってついてくる女、好き放題する自分に絶対操を守りぬく性的超絶技巧をもつ女、が理想だという男のご都合主義を体現したようなおぞましいストーリーにしか私には思えません。暴力を美化し、女性差別意識を固定化するものです。儚を演じたミキティは雑誌のインタビューで、役について聞かれてこう答えました。「暴力を受けても（愛する男に）ついていく儚を尊敬します」。ついていったら深刻なDVになること請け合いです。アイドルのこのような言葉がファンに与える悪影響が恐ろしいです。

5　ＤＶの要因３「ジェンダー・バイアス」

社会的につくられた女らしさ・男らしさの偏見
　ジェンダーとは「社会的につくられた女らしさ・男らしさ」のことで、バイアスとは「偏見」であることはお話ししました。偏った男らしさは、競争に勝つ、強い、女性（妻や恋人）をリードして守る、正しい、などです。これらの「男らしさ」を疑いもなく信じていると、誰かと親密な関係になったとき相手に対して、守ってやる、リードする、男の僕を優先して、といった言動をしたり、威圧的な態度をとって相手に対して優位に立とうとしたり、従順さを求めたりしがちです。また、泣かない、感情を表さない、弱音をはかないなどを男らしい態度だと信じてふるまうと、傷ついてもそれを表現しないのでだんだん苦しくなります。苦しくなると、なんでわからないんだ、言わなくても僕の気持ちをわかってほしいのに、と期待に応えてもらえない悔しさが怒りになります。その怒りを相手のせいにしてＤＶするのです。男性は、親密な関係では女性が男性を世話するものだとか、男性は女性を支配してもいいなどのまちがった価値観を社会から学びがちです。ですからＤＶ加害者は男性が多いのです。

　一方、「偏った女らしさ」は、守られる、従順、控えめ、男をたてる、気が利く、性に受け身などです。これらを「女らしい」態度だと信じていると、親密な関係の相手に対して甘える可愛い女になれば愛される、彼に従うことはいいことだ、彼の世話をしてあげなくては、そうすることが愛情表現だ、などと考えて行動してしまいがちです。ですからＤＶの被害者は女性が多いのです。

女と男の役割・態度・行動の決めつけと押しつけ
　ジェンダー・バイアスは「女と男の役割・態度・行動の決めつけと押しつけ」と言えます。読者のあなたは「女らしさなんて私には関係ない」とか「男らしさなんて僕には関係ない」と思っていませんか？　関係ないと思っている人は多いかもしれませんが、実は社会的につくられた性

オレ流恋愛論

若者向けのある雑誌(「Cawaii」主婦の友社、2007年)にこんな記事が載りました。インタビューに答えているのはその当時25歳でアイドルの男性(塚本高史さん)です。

(前略)オレはけんかしても自分から謝らない。彼女から「ごめんね」でいいんじゃない(笑)。オレはね、自分がたとえ悪かったとしても謝らないよ。彼女から謝ってくるまで連絡もしないし。彼女が謝ってきても「オレも悪かったよ」なんてことはいわないから。(中略)
それぐらい女のコは広い心でいてほしいわけ。これって、オレが強いように見えるけど、コロがされてるわけよ。それくらいのほうがうまくいくと思うんだよね。恋愛なんて歩みよりだから、自分のことだけじゃなくて、彼のことをよく見て歩み寄っていかないとさ。(後略)

彼は正直に話しているのでしょうが、これは若者に次のようなメッセージを発信しています。

*男は女に自分のまちがいを認めて謝るべきじゃない
*恋愛がうまくいくかどうかは女が男に対してどのくらい譲るかで決まる
*男を立てて譲り、わがままを聞いてやることができない女は可愛くないし、女として未熟だ
*恋愛して愛されたいなら、女が男に合せて歩みよるべし

こんなに男に都合のいい考え方でも、アイドルが言うとほんとうのことだと信じてしまう若者がいるから怖いです。

別・性差に関係ない人は1人もいません。女と男の役割・態度・行動の決めつけを、私たちは毎日見たり、聞いたり、感じたり、体験したりしています。その結果、それが当たり前のように思っています。

　10代ですでにその影響を受けていることを示す例を1つ挙げます。ある中学の養護教諭が「中学生でも女の子と男の子がカップルになったとたん、2人が演歌の世界にスッポリはまってしまう」と言いました。演歌の世界って何でしょう？　それはジェンダー・バイアスの世界です。演歌の歌詞では、女は恋や愛に命をかけて男を待ち、泣いて、耐えるのです。「女らしく」。男は、そんな女を「可愛らしい女」と賛美します。演歌だけではありません。若者が好む歌の歌詞に注目してください。10代の彼らも歌詞からジェンダー・バイアスを学び、それが当たり前だと思いがちです。

「らしさ」の箱とDV

　歌詞の中のジェンダーは、生活の中のほんの1例です。このような体験が1つではすまないことが問題です。私たちは「オギャー」と生まれたその日からジェンダーを毎日シャワーのように浴びます。テレビドラマを見ればジェンダーのセリフを聞きます。ドラマの登場人物たちは「女らしい」、「男らしい」言動をします。本にも、漫画にも、雑誌にも、映画にもジェンダーが溢れています。父親は「男なんだからしっかりしろ」と息子に言い、母親は「女なんだから家事を手伝いなさい」と娘に言います。学校では教師も友だちもジェンダーを口にします。皆がジェンダーを無意識に口にし、ジェンダーに基づいて行動し、ジェンダーに基づいて人の行動を評価します。ですから女らしく行動しない人を「可愛くない」とか「強情だ」と批判し、男らしく行動しない人を「めめしい」とか「いくじがない」などと批判しバカにします。ですから人は、「らしさ」の箱の中にいるほうが安全だと感じて、「らしさ」を行動の規範にしがちです。このようにジェンダーは私たちの生活や生き方に大きく深く影響しています。

ジェンダー・バイアスがＤＶの最大要因です。英語では〝gender based violence〟（女らしさ・男らしさが基でおきる暴力）という言い方もあります。「らしさ」は親密な関係において、女性（同性カップルでは女性役割の人）を男性（同性カップルでは男性役割の人）より１段低く見る意識や、お互いの役割を性で固定しがちなのです。
　ＤＶは相手を深く傷つけ、遅かれ早かれ関係を破綻に導き、加害者も大事なものを失います。ジェンダーは結局だれも幸せにしないのです。ＤＶ加害者だけでなく、私たち１人１人がそれに気がつかなければなりません。

6．ＤＶの背景に女男不平等社会

　ＤＶ加害者が主に男性で、被害者が主に女性である理由はジェンダー・バイアスだけではありません。社会が男性優位の構造にできているという背景があるからです。日本は残念ながら、女性を差別する社会であり、女男平等の社会になっていません。女性が働くようになりましたが、家事・育児の負担は依然として女性の肩にかかっています。女男間の所得格差や社会的地位は縮まるどころか拡大し、女性の貧困率が高まっています。

　スイスのシンクタンク「世界経済フォーラム」が毎年、世界の国々のジェンダー・ギャップ（女男の格差）指数を発表します。指数は、経済、教育、政治、保健の４つの分野のデータからはじき出されます。昨年（2015年）日本は145カ国中101位でした。先進国の中では最低の評価であり、この評価はなかなか変わりません。日本は女男平等においては後進国です。
　2001年につくられたＤＶ防止法の前文には、「配偶者からの暴力の被害者は、多くの場合女性であり、経済的自立が困難である女性に対して配偶者が暴力を加えることは個人の尊厳を害し、男女平等の実現の妨げ

となっている」とあります。これは次のように読み替えることが必要です。「男女平等が実現されず、女性が経済的自立をすることが困難な状況であるため、個人の尊厳を害することである配偶者への暴力の被害者は、多くの場合女性となっている」

　主に女性がＤＶの被害に遭うのは、女性が差別される男性優位の社会構造の中で人々がジェンダー・バイアスをもって暮らしているからです。日本人男性に限りません。アウェアのＤＶ加害者プログラムには、これまでアジア、東欧、北米、南米など、さまざまな国や地域の人が参加しました。男性優位の社会で、男性がＤＶにつながるような価値観を学んでしまいがちなことは、世界中で共通することのようです。

　社会的状況が個人的な女男の関係に影響を及ぼし、ＤＶを生み出しています。ＤＶは個人的な問題ではなく、多くの人たちの間でおきている社会的・政治的なことです。ＤＶは「女性への暴力・虐待」であり、それは「女性差別の１形態であり、歴史的な男女間の不平等な力関係の現われであり、女性への人権侵害である」（注23）なのです。日本の社会を女男平等の社会へ変えていかなければなりません。

（注23）女性差別の１形態：『女性への暴力防止・法整備のための国連ハンドブック』国際連合女性の地位向上部（梨の木舎　2011年）より引用

7　ＤＶ加害者に味方する人々

　加害者がＤＶをしていることになかなか気づけない理由の１つは、まわりの人たちが加害者に加担する価値観をもっていることです。多くの人が「被害者には何か落ち度があるはずだ」とか「加害者にはＤＶしてしまう可哀想な理由が何かあるはずだ」と思い込んでいます。その結果、被害者を傷つけ苦しめます。それを２次被害と言います。パートナー面談で聞いたさまざまな２次被害の話の一部を紹介します。

歌詞にひそむ危険なメッセージ

　ふだん何気なく聞いたり、口ずさんだりする歌詞に織り込まれたメッセージについて考えたことがありますか？　これらの歌詞、どう思いますか？

♪5分おきに君からのエンドレスなメール届いて　「5センチだって離れていたくない」そう願う君が切なくて
　（WaT　5センチ）
◆5分おきのメールなんてストーカー行為なのに、切ない愛情表現だからOKと受け止めてマネする若者がいるかもしれません。

♪君にジュースを買ってあげる　月収10万以下だけど　ときどき暴力ふるうけど
　（グループ魂　君にジュースを買ってあげる）
◆暴力をパロディ化することは、暴力を軽くみる意識を人々に強烈に刷り込みます。

♪ベッドに押し倒して腰なんかもんじまえ　おもいきりいやがるけど　照れているだけだから　バタバタ暴れるのは喜んでる証拠さ
　（爆風スランプ　青春りっしんべん）
◆レイプ促進歌になっています。テレビで若者たち（女も男も）がこれを歌いながら踊っているのを見てゾッとしました。

♪I will follow you　あなたについていきたい
　（松田聖子　赤いスィートピー）
◆「この歌詞を信じて『女は引っ張っていってくれる男を待っているんだ。そうならなくちゃ！』と目指した結果、妻にDVしてしまった」と言った加害者がいます。

■親と家族
・（加害者の妹）けんかがエスカレートしてつい暴力をふるってしまったんでしょ。彼女がお兄さんを許してくれないから悪いのよ。
・（加害者の母親）妻は夫の３歩後ろを歩くもの。言う通りにしないと暴力をふるわれてもしょうがないのよ。私はそうしてきたの。しっかりしなさい。
・（加害者の父親）ＤＶはアメリカから入ってきたことで、もともと日本にはないことだ。だからあんた（被害者に向かって）、ＤＶ、ＤＶって言うのはやめてくれ。
・（加害者の親戚）アメリカで逮捕されたなんて、なんて運が悪いんでしょう。可哀そうに。その場で大騒ぎした嫁が悪い。

■同僚・友人など
・（加害者の同僚）おまえが暴力をふるうなんて、よっぽどのことがあったんだろ？
・（被害者の友人）あんなにいい人いないよ。信じられない。あなたが悪いんじゃないの？
・（被害者の同僚）でも選んだのはあなたよね。そういう人だって見抜けなかったの？

■ＤＶ相談や行政の窓口の人たち
・肋骨を折られたぐらいでは死なないでしょう？
・目を１つ潰されても、もう１つあるでしょう？

■警察の人たち
・（なぐられて顔が腫れている被害者に向かって）それぐらい警察官でも妻にやることはあるよ。
・駆けつけた警察官が２人から別々に話を聞いたあとで「夫婦仲よく話し合ってください」と言って帰ってしまった。

♪聞き分けのない女の顔をひとつふたつ張り倒して　背中を向けて煙草をすえば　それで何も言うことはない
（沢田研二　カサブランカ・ダンディ）
◆「いうことを聞かない彼女に手を挙げることはカッコいいことだ」と受けとめた男性たちがいたにちがいありません。今では「我が窮状」という曲で憲法9条を守ろうと歌っています。

♪じゃましないから　悪いときはどうぞぶってね　いつもそばにおいてね　あなた好みの女になりたい
（奥村チヨ　恋の奴隷）
◆ＤＶ促進歌です。女は支配されるのを待っているというメッセージになっています。

　歌詞を活字で見ると、とんでもなく危険なメッセージが目のまえにぐっと迫ってきます。
　これらの危険なメッセージは、たぶん作詞家自身ももっている価値観なのでしょうが、作詞家が一般大衆のもつ価値観に迎合して歌詞に織り込んだものであり、歌が流行することで人々の間にそれは流布され強化されます。歌詞だけではありません。漫画や小説、テレビや映画など、社会に表出しているあらゆる表現にそのような作用があるとみるべきでしょう。

■**心理療法をする人たち**
　精神科医、臨床心理士、心理士、カウンセラーたちの言うことにも危険なものがいろいろとあります。

被害者から聞いた話
・ＤＶをする夫から、「俺は精神科医から自己愛性人格障害だと言われた。治らない傷害だそうだからあきらめろ。おまえが変われ」と言われました。
・夫と２人で、別々ですが同じ臨床心理士にかかったら、その人に、「あなたにも問題があるから２人の責任です」と言われてとても傷つきました。何も聞いてくれていなかったことがわかり無力感を覚えました。

加害者から聞いた話
・会社のカウンセラーにＤＶのことを話すと、「あなただけが悪いわけじゃない」と言われました。妻にそれを伝えたら妻は実家へ行ったきり帰ってこなくなりました。
・民間のカウンセラーに「あなたがＤＶするのは"仕事のストレス"だ」と言われていい気になってさらにＤＶをしてしまいました。

　このごろ、加害者対応を精神科医や臨床心理士など心理系の人たちが行なったり、そういう人たちに対策を任せようとする行政が出てきたりしていますが、それは向かうべき方向がちがうのではないかと思います。次章で述べるように、ＤＶの専門の勉強をした人にこそ任せるべきでしょう。なお、「あなたは自己愛性人格障害です」とＤＶ加害者に診断をくだす精神科医や臨床心理士がいるようですが、前述のケースのように、その診断を手に入れた加害者が妻に向かって「病気なんだからしかたない」とか「悪いのは病気だ」などと言って悪用することがあるので危険です。アウェアに来る人たちに限られますが、彼らのほとんどは普通に社会人生活を送っている人たちです。彼らが「自己愛性人格障害」だと診断をくだされるとしたら、彼らは「親密な相手に対して自己愛性人格

障害者になることを選んでいる」のです。

■ **メディアの人たち**

　メディアの人たちにもまちがった思い込みがたくさんあります。ＤＶのことを理解していないと使ってしまいがちな不適切な言葉の１つが「加害者支援」です。ほかの犯罪、例えば強盗事件の犯人に対して「支援」とはだれも言わないでしょう。ＤＶというと「支援」を口にするのは、「ＤＶは犯罪」だという意識が低いことと、「何か事情があるんだろう」、「夫婦の問題は両方に責任があるのに」、「子どもの父親なのに気の毒だ」など、ＤＶへのまちがった思い込みから加害者に同情してしまうからです。ワイドショーなどで、スタジオのコメンテーターが、ＤＶは「ストレスやアルコールが原因だ」とか「ゆがんだ愛情表現だ」などと、まちがった思い込みを助長するようなコメントをするのはやめてほしいと思います。

　アウェアに取材を依頼してきたメディアの記者には、まずＤＶの本（お奨めはランディ・バンクロフトさんの『ＤＶ・虐待加害者の実体を知る』）を読んでから来てほしいと伝えます。取材に来るのは女性記者が多いのですが、印象的なことがあります。女性記者の中に被害者が多くいることです。ある人は「話を聞いて私も被害者だと気づきました」と言い、別のある人は「私の育った家庭でもＤＶがおきていました」と言いました。また男性たちのグループを見学したある女性記者は、最後に男性たちに感想を聞かれて「皆さんのお話を聞いて、実は私も被害者だと気づきました。夫が私の帰宅が遅いことに怒って、ドアのチェーンをはずしてくれず、１時間ぐらい家に入れないことがありました。疲れて帰宅して一息入れていると、彼がイライラして『俺は腹がへっているんだ。休んでいないですぐ作れ』と急かされたことがあるし、私のベッドの上に彼の洗濯物が山と積まれていたこともあります」と打ち明けました。「家事は分担しないんですか」と男性に質問されると、「彼は家事ができないんです。だから私がしてあげなくちゃならないんです」と答えました。

そして「皆さんが自分を変えようと努力しているのはすごいと思います」と言いました。

　男性記者やカメラマンで、取材後、「ひょっとして自分もしているかも」とか「自分が育った家でおきていたことがＤＶだったと気づきました」などと言った人たちがいます。

　自分の身におきていることをＤＶだとはっきり自覚していない人たちが取材をして報道すると、まちがった思い込みを流布して強化してしまう危険性があります。メディアの人々にはぜひＤＶを自分のこととしてしっかりと学んでから報道してほしいと思います。しかし最近、ＤＶのことをしっかりと学んだ新聞記者が来てくれました。彼女は「いくつかのＤＶ加害者プログラムを取材したけれど、あんまり『加害者は変わる、変わる』と聞かされるのでうさん臭く感じ、そうでないところを取材したくてアウェアに来た」と言い、適切な記事を掲載してくれました。

■司法の人たち
司法関係者からの２次被害
・夫はからだへの暴力をたくさんしているのに、調停員に対して少ししか認めなかったそうです。年配（60代）の調停員が私に向かって、「割ってもいいお茶碗を用意しておいたらどうですか？」と言いました。我慢して怒りやストレスは茶碗にぶつけろという意味です。１年間別居したいと私が言ったら「１年というのは相手に酷です」と言いました。そして「あなたの夫は頭のいい人です」と何度も言いました。「頭がよくて出世しそうな夫のいうことは聞いておくものだ」と言いたかったようです。私はほんとうに悔しくて悲しかったです。

・筆者は、ある加害者（アウェアの参加者ではない）とその代理人となった弁護士から被害に遭いました。妻にからだへの暴力までしている（被害者が医師の診断書を裁判所に提出している）加害者とその弁護士が、妻とその弁護士、さらに私を告訴したのです。私の罪状は、

アウェアに相談にきた彼女に情報を提供することで、彼女の「逃亡幇助(ほうじょ)」をしたことだというのです。その加害者は、妻が子どもを連れて家を勝手に出て行った結果、子どもに会えない自分は可哀そうな被害者だと考えて、妻とその支援者まで訴えるという行為に及んだのです。自分こそ被害者だと信じ込んでいるＤＶ加害者が考えそうなことです。その行為自体がＤＶであり虐待行為です。驚いたのは弁護士が加害者に加担し、被害者の居場所を探し出していっしょに押しかけたり、被害者と支援者を訴えたりして虐待したことです。このようなひどい弁護士がいることは非常に残念なことです。弁護士はもっとＤＶのことを学んで、加害者がさらに虐待するのを止めてほしいものです。

●**依頼人がＤＶ被害者の場合、**弁護士に求められることを多くの被害者の声を代弁してお話しします。
1. 弁護士が加害者に替わる「支配者」にならないでください。被害者をけっして見下さずに、被害者の話を真剣に聞いてください。被害者は寄り添ってくれる弁護士を求めています。
2. 被害者はたいてい精神的に不安定で混乱しています。話が矛盾していたり、時系列に事実を語れなかったりしがちです。病気だと考えたり、厄介な人だと考えたりしないで、どうしてそうなっているのか理解するよう努めてください。
3. 同居を続けるのか、別居するのか、離婚するのか、迷って決断できない状態の人が多いです。決められないことを責めないでください。
4. なんでこんなになるまでほおっておいたのか、あなたも悪い、共依存だ、などと責めないでください。そうなるように加害者が仕向けているのです。被害者は考える力、判断力、行動力などを奪われています。ＤＶは家庭内で親密な関係でおきるのですから、離れるのはむずかしいし、離れようと思えばすぐ離れられる他人に対する暴行などとは、被害の内容も深刻さもちがいます。
5. 弁護士が加害者のしていることを見極めて、おかしな言い分や、しかけてくるワナを見抜いてうまくかわしてくれることを被害者は期待し

ています。被害者がそのワナに引っかかりそうになったら、弁護士が引き戻すくらいの力をつけてください。
6. ＤＶ加害者である相手に、依頼者の気持ちを代弁してください。被害者がどうして怖がるのか、どうしてはっきり言えないのか、何を理解してほしいのか、などを代理人として相手に突きつけてください。依頼者が自分で言えそうな場合はその背中を押してください。
7. 被害者がお金を取れなくてもいいからとにかく別居したい、離婚したいと言っても、そうですかとその通りにしないでください。１人になった被害者の多くが経済的に困難を抱えます。あとで落ち着いたり回復したりしたとき、あのときもっとしっかりお金を取っておくべきだったと後悔する人が多くいます。被害者の権利について、その権利を守るためにどういう方法があるかを伝えて支援してください。
8. 精神的虐待や経済的締めつけはＤＶではないから離婚は無理、と考える弁護士がいるようですが、それはまちがいです。それらもＤＶですから離婚できるはずです。婚姻費用や養育費が取れたら弁護士の収入にもなります。
9. 別居中や離婚後、父親と子どもの面会でさまざまな問題がおきています。変わっていないＤＶ加害者に会うことは、被害者にとっては大変なことであることを理解してください。子どもが幼ければ自分で面会の場所まで連れて行かなければなりません。子どもへの悪影響を心配して会わせることを躊躇する被害者に対して、弁護士が「夫婦と子どもの問題は別だ」とか「養育費をもらうのだから会わせなければ」と言うのはまちがいです。養育費は子どもの権利です。会わせることがほんとうに子どもにとってよいことなのか、話し合いの場を作ってください。話し合えない相手なら、立会人付きや短時間などの条件を突きつけてください。東京では被害女性たちが、その立会人サービスのビジネスを始めたのでぜひ活用してください。（面会交流を支援する会「ネロリ」http://ameblo.jp/menkaisien）
10. 離婚したり別居したりしても、被害者はその後も長期間ＤＶの影響で苦しめられることを知ってください。ＤＶ夫と闘うことは人が想像

する以上につらく、大きなストレスとなります。被害者の味方になってサポートしてあげてください。

●依頼人がＤＶ加害者の場合

1. 刑事事件の弁護士というのは、加害者の罪を軽くするために働くと聞いていますが、ＤＶ事件の場合、その考えはとても危険なこともあると気づいてください。なぜならＤＶそのものが軽く考えられているからです。多くの人が被害者に落ち度を探しがちです。ＤＶについてまちがった思い込みを弁護士も調停員も裁判官ももっていることが多いです。ＤＶは虐待であり、相手の人生そのものを搾取すること、魂の殺人であること、「重犯罪」であることをよく理解したうえで臨んでください。

2. また、弁護士は加害者の更生のために働くと聞きました。ＤＶは価値観の問題ですから、必要なものは治療ではなく教育と訓練で、グループで行うプログラムであることが重要です。

3. 調停で加害者は泣いたり、反省したり、謝ったりすることもあるようですが、泣くのはたいてい自分のためです。ゆがんだ価値観のまま反省して謝ってもそれは本物ではありません。また、更生のため加害者プログラムに通うなどと約束して、罰を軽くしようとする加害者が必ずいることを忘れないでください。更生を約束させたら、本当に実行しているか、しっかりと監視してください。米国ではそれを保護監察局が行います。それに当たる仕組みを、司法関係者にはぜひともつくってもらいたいと思います。

依頼人がＤＶの被害者であれ加害者であれ、代理人となる弁護士の皆さんには、ぜひＤＶは犯罪であること、ＤＶとは何かをしっかり学んだうえで対応されることを期待しています。

KEEP OUR FAMILIES
SAFE FROM VIOLENCE
Domestic Violence
Hurts All of Us
I never knew
reaching out
could make
such a difference.
City of Chicago Domestic Violence Help Line
1-877-TO END DV
1-877-863-6338
Victims of Crime
Comfort Women

6章
DVのない社会を目指して

1　被害者支援と加害者プログラムは車の両輪

　ＤＶ対策で最優先されるべきことは被害者支援ですが、それとともに加害者対策が不可欠です。「社会はＤＶを許さない」、「ＤＶする人はそのままではいられない」、「加害者は責任をとれ」というメッセージとそのための制度が必要です。暴力をふるう人が変わらない限りＤＶはなくなりません。変わらない加害者は地域社会にとって脅威であり、危険な存在であり続けます。加害者対策は予防対策であり、安全で健康な地域社会づくりのために必要な社会的対策です。被害者支援と加害者対策はＤＶのない社会を目指す車の両輪であると言えます。

2　加害者に必要な処罰と監視

　ＤＶ防止法はできた（2001年）けれど、接近禁止命令が出ている間に被害者が大変な思いをして家を出てどこかへ行き、苦労して新しい生活を始めるということが多いようです。それは根本的におかしいことです。「暴力をふるうほうがそこで暮らせない」というふうにすべきです。米国のほとんどの州で行われているように、被害者やまわりの人からの通報を受けた警察は、容疑があればまず加害者逮捕へ、そして暴力がひどい場合や再犯は検察が起訴して裁判にかけ、実刑を科すシステムが日本にも必要です。しかし、罰だけでは不充分です。加害者は逆恨みしてもっと危険になって地域に戻ったり、離れていった相手にストーカーしたり、別の相手に同じことを繰り返したりする危険があります。私がＤＶ加害者プログラムについて学ぶ機会を得た米国のカリフォルニア州では、1章で話しているサトウさんのように、はじめて逮捕された、ほかに犯罪歴のない加害者には、裁判所からＤＶ加害者プログラムの受講義務命令が出されます。ロサンゼルス郡だけでＤＶ加害者プログラムを実施しているところが130カ所（2000年当時）あり、刑務所内でもプログラムが実施されています。同州にはＤＶ加害者プログラムを実施す

るファシリテーターたちの会があり、ABIP − Association of Butters Intervention Programs と言います。

　同州では、プログラムに参加する加害者は、受講中と終了後3年間、保護監察局に定期的に通わなければなりません。加害者を地域社会が監視するのです。それではじめて被害者の安全に役立つ加害者プログラムになるわけです。

　イスラエルの「男の家」のように、加害者を集めて更生させる方法もあります。加害者は地域から出て行き、特定の家に集まって住み、毎日そこから通勤して仕事を続け、妻子に送金しながら4カ月間毎晩プログラムを受けたあと地域に戻ります。その後3年間、妻からプログラムに報告がいき、加害者は監視されるというシステムで、国の税金などで運営されます。

　日本の現状は、被害者が出て行くなどの行動によってショックを受けた加害者が、なんとかしたいと思ってプログラムに参加するケースがほとんどで、その数は少なく、氷山の一角にすぎません。なにも気づかず、悪いのは自分じゃないと思っている加害者が、プログラムに自ら来ることはありません。そういう人に対しては社会からの介入と罰則が必要だと思います。実刑も必要でしょうが、罰の内容は基本的には教育と訓練であるべきだと思います。その目的は加害者の怒りや心のケアではありません。結果的に怒りや心のケアがもたらされることはあるし、実施者としてそうなるよう期待しますが、それはあくまでも目的ではありません。

3　被害者と地域社会の安全に役立つプログラム

　被害者の安全を確保するためには、被害者支援を念頭において加害者プログラムを運営することが重要です。実施者が気をつけなければならないことがいろいろあると思います。私のこれまでの体験から次のよう

なことが言えると思います。
・実施者が「加害者はすぐ変わる」と宣伝したり、加害者の変化を保証するようなことを言ったり、加害者の変化の証明書を発行したり、プログラムを受けたことを「卒業」と言ったりするのは危険です。
・加害者の中には、プログラムに参加することで調停員にいい印象を与え、親権を獲得したり慰謝料・婚費・養育費などを減額したりしてもらうことが目的で参加を希望する人が出てきています。プログラムが悪用されるのを阻止するために被害者と連絡をとることが重要です。
・子どもとの面会交流を申し立てるためにプログラムに参加しようとする加害者が出てきています。子どもに直接からだへの暴力をふるったり、性的虐待をしたりしているのに、それを言わずに参加を希望してくる加害者もいます。加害者が学んで気づき、父親としても変わることは必要ですが、面会交流は子どもの福祉のためですから、子どもにとってほんとうにいいことか、必要なことかなどを確かめるために、被害者と連絡をとることが重要です。

4　求められる国や自治体によるルールづくり

　現在、日本では、どんなところでどんな人たちがＤＶ加害者に対応しているか、だれも把握していない状態だと思います。アウェアがやっているのはグループで行う更生のための教育プログラムですが、そのほかに、加害者たちの癒しや支え合いなどに重きをおいた自助グループとして、男性だけで実施しているところ、精神科医が治療としてやっているところ、カウンセラーが個人カウンセリングとして対応しているところ、臨床心理士が心理療法で対応しているところなどさまざまあるようです。考え方も内容も期間も実施者もまちまちで、それぞれの主張があるうえ、被害者を支援する人たちからの「加害者プログラム」への批判もあり、まさに混沌としている状態です。アメリカもそういう時期を経て、次第に加害者プログラムが広がっていったそうです。州によってプ

ログラムの期間や回数や内容に違いはありますが、ＤＶは犯罪であるから刑罰代替の更生プログラムであるべきという考え方が先に広まり、あとから法律が作られたようです。

　日本がすべき肝心なことは、社会全体で加害者プログラムを検討してコンセンサスを作りあげていくことだと思います。国はせめてプログラムの内容についてのガイドラインを設け、危険なものが出るのを防ぐ責任があると思います。ＤＶ防止法は３回改正されましたが、いつになっても具体的な加害者対策は含まれません。国ができないのであれば、地方自治体が「ＤＶは安全で健康な地域社会にとって深刻な社会問題である」という認識をもって、ＤＶ加害者に関する条例を作ってもいいではないのでしょうか？　例えば次のようなとき、加害者に加害者プログラムへの参加を義務づけるのです。

・通報を受けて警察が加害者を逮捕したとき
・保護命令が発令されたとき
・被害者が警察などに相談していて、家を出て実家やシェルターに避難したとき
・児童虐待事件でＤＶが背景にあると確認されたとき

　いずれも、加害者プログラムの内容や質のチェック、加害者がほんとうに参加しているかどうかなどを監視するシステムが伴わなければなりません。たいへんな作業だと思いますが、女性の人権侵害を重大な問題と捉え、やる気があればできることだと思います。

5　ＤＶ加害者プログラムの実施者

　ＤＶは犯罪ですから、加害者プログラムは被害者支援の１つでなければなりません。ですから被害者支援のできる人が実施すべきだと思いま

す。そのためには、実施する人たちを精神科医や臨床心理士たちに限定したりしないことが重要です。ＤＶの加害者プログラム実施者として適切なトレーニングを受けているかどうかを重要な基準にすべきでしょう。ファシリテーターに関して、米国カリフォルニア州の同業者たちから、また私自身の経験から次のようなことを学びました。

■被害者への共感を伝えられる人

　ファシリテーターはまず次のような条件をそろえていることが重要だと考えます。

・被害者がどのような恐怖と混乱を抱いているかを理解でき共感できる人
・加害者の相手に対する共感のなさに対峙し、共感を促したり伝えたりできる人
・被害者たちのニーズがどういうものかを常に把握している人

　加害者プログラムを加害者のことだけの仕事にしてしまうと、どうしても加害者たちに共感してしまい、被害者の苦しみやその言葉が実施者の頭から抜け落ちてしまい、非常に危険です。男性たちの話を聞くとき、常にそのうしろにいる女性のことを意識しながら聞くことが必要です。これはカウンセリングとはちがう点で、重要なことがらです。参加者たちとの信頼関係は大切ですが、信頼と仲間意識とは別物です。仲間意識だけでは、加害者のうそやまやかしやすり替えを信じてしまいがちです。男性たちにＤＶは犯罪であること、そして暴力は彼らの選択であることを、しっかりと自覚するよう常に促していく責任がファシリテーターにはあります。

■学び落しをした人

　さらにファシリテーターは、前述のＤＶにつながる価値観（主に下記の３つ）を学び落としていることが大切です。

- 力による支配の価値観を学び落としていて「力と支配」の行使者でないこと

　そうでないと、参加者たちに「力と支配」について気づいてもらうのはむずかしいと思います。ファシリテーターが自分自身を知ることがとても大切です。
- 暴力容認意識を学び落としていること

　ファシリテーターには暴力をけっして認めないというゆるがない価値観が必要です。
- 自らのジェンダー・バイアスを学び落としている人

　参加者男性たちの話し合いで、ジェンダー・バイアスの発言が飛び交うことがよくあります。それに気づいて発言する人がだれもいない場合は、ファシリテーターが「ちょっと待ってください。今の発言はどうですか？」と言って疑問を投げかけ、気づきのきっかけをつくれるようでなければなりません。自らのジェンダー・バイアスを学び落としている人でなければ、彼らのバイアスに気づけません。さらに女性の人権が尊重されていない社会構造であることや、女性差別の歴史などについて自分の言葉で語れることも重要なことです。

■トレーニングを受けた人

　米国のカリフォルニア州では、プログラムはトレーニングを受けないでやってはいけないことになっています。プログラムやトレーニングの内容に関する法律をつくるときは、すでにプログラムを実施していた人をはじめ、サバイバー、被害者の支援者、カウンセラー、ソーシャルワーカー、弁護士、さらにシェルター、福祉、保護監察、警察などのさまざまな関係者が集まってつくったそうです。同州では精神科医であろうと臨床心理士であろうとカウンセラー（米国では州による資格が必要）であろうと、ほかの人たちと同じように40時間のトレーニングを受けることになっています。そのあとすでに認可を受けている人から6カ月間、104時間のスーパービジョン（監督）を受けながら実習します。プログラムは認可制で、保護監察局が厳しく審査します。

■サバイバーや支援者が実施者になれるように

　同州では、サバイバーや草の根運動として被害者支援の活動をしてきた人たちが、トレーニングを受ければファシリテーターになれるようになっています。臨床心理士や精神科医などに制限してはいけない、とABIPの会長のアリス・ラビオレットさんは言います。そのような専門の資格をもっていても適切に行えない人が多い一方で、サバイバーや被害者支援をずっとしてきた人たちで、この仕事を非常にうまくやっている人たちがたくさんいるからだそうです。そういう人たちは被害者の痛みを1番よく知っていて、それを加害者に伝えられる、質のいいファシリテーターになる要素をもっている人たちだとアリスさんは言います。実際、アウェアに来る加害者の中には精神科医もカウンセラーもいます。臨床心理士の夫から精神的暴力をふるわれているという妻からの相談もあります。そういう専門資格があることとDV加害者プログラムを実施する資格や適性は別ものなのです。日本でも、サバイバーや被害者支援に尽力した人たちが研修を積んで、ファシリテーターとして活躍してほしいと思います。

■学び続けることが大事

　同州では、認可を受けたファシリテーターは、毎年16時間の研修を受けることになっています。日本でも、DV加害者プログラム関係者をはじめ、DVに関わる人はすべて研修を継続しなければならないという決まりをつくることが必要だと思います。

6　DV被害女性プログラム

　被害者の多くが「もしかしたら、DVかも…。でも…」、「これって暴力？」、「このくらいのことは我慢しなくちゃいけないのでは？」などとさまざまな迷いや疑問をもちます。それがほんとうにDVなのか、どこからが暴力なのか、よくわからなくなって混乱してしまい、毎日の生活

や体調に支障が出てくる場合もあります。悩んで苦しくても、だれに相談したらいいかもわからないし、どこかに相談したら、「あなたも我慢が足りないんじゃないの？」、「早く別れてしまいなさい」などと言われて、さらに傷ついてしまうこともあるようです。また、被害者には、ほんとうは深く傷ついていても、それに気がついていない人や、気がつかないふりをしている人もいるかもしれません。

　被害にあった人には、2人の間におきていることはいったいなんなのか、それによって自分がどんな影響を受けているのか、子どもにはどんな影響があるのかなどを理解する場が必要です。加害をする相手といっしょにいることを選んでも、一時離れることを選んでも、別れることを選んでも、今はなにも決めないことを選んでも、これからの人生を自分らしく生きるための「チカラ」をつけてほしいと思います。その場としてアウェアは「DV被害女性プログラム」を実施しています。対象者は次のような皆さんです。

・パートナーがアウェアの加害者プログラムに参加している人
・DVでつらい思いを抱えている人（からだへの暴力だけがDVではありません）
・もしかして私のほうがDV加害者ではないかと悩んでいる人
・夫婦にDVの問題はあるけれど、まだ離婚・別居は決断していない人
・夫婦にDVの問題はあるけれど、何とかもう少し夫婦としてがんばってみたいと考えている人
・離婚・別居したけれど、元夫と子どもの面会交流の問題を抱えている人
・離婚・別居したけれど、子どもを被害者にも加害者にもさせたくない人

　プログラムは月2回で、48回で修了しますが、途中からの参加もできます。パートナーがアウェアの加害者プログラムに参加していない場合は、事前の個人面談があります。プログラムの内容は、加害者プログラムを長年実施してきたアウェアならではの内容となっており、教材は加害者プログラムのものを被害者向けに変えて使います。例えば、加害

者がよく使う「孤立させる」という手口を見抜くための教材を使って話し合うと、女性たちが自分の「孤立させられた」経験に気づいて具体例がいろいろと出てきます。ある女性は、ママ友との飲み会の予定を２週間も前から伝えているのでいいと思っていたところ、直前になって「おまえの家族の優先順位はなんなんだ？」と聞かれて出かけられなくなったと言い、別の女性は「出かけようとすると女なんだからがまんしろと言われた」とか、「子どもが可哀そうじゃないか」と言われたと言います。これらが「孤立させる」というＤＶの手口であることがわかると、ＤＶされるのは「自分のせいだ」という考えから「私が悪かったのではない」という考えに変わります。

　そのほか「親から受けている力に屈するのが当たり前だったから、彼の力に屈することがおかしいとは思わなかった」とか、「養ってもらっている以上、彼を優先しなければならないと思っていた」など、女性たちから気づきの言葉が出てきます。

　ＤＶ被害女性プログラムに参加した女性の声を紹介します。
・過去にされたＤＶを振り返ることができて、２度とあのようなことにはならないぞと思えます。
・ほかの人の話を聞き、私だったらどうしただろうと考えることで、自分自身の考えを改めることができます。まずは、笑い飛ばせる場ができました。
・夫とのぶつかり合いの日々で、なぜこうなるのだろうか、このまま平行線で人生がいくのだろうか、と考えていましたが、その原因や解決法が見えてきました。自分の中でもっている問題を意識し始め、お互いに改善に向かっている気がします。
・自分ひとりではどう判断したらいいのかわからないけれど、同じ境遇の人の話を聞くと、被害にあったときどう対応すればいいか、知識が身につけられていいと思います。
・月に２日通うことで自分の気持ちの整理ができ、情報が共有できるのはたいへんありがたいし、疑問も解消できるので助かります。話して

スッキリすることが多いので、加害者プログラムだけでなく被害者プログラムも大切だと思います。毎回楽しみです。

　現在の被害者支援は加害者の元を離れることを前提にしたものであるため、「逃げたい」「別れたい」という被害者は相談機関において具体的な支援を受けることができますが、「別れないですむにはどうしたらいか？」「別れたくないが彼には変わってほしい」「彼を加害者プログラムに参加させるにはどうすればよいか？」という悩みをいっしょに考えてくれるところはあまりないようです。
　しかし、実際には、内閣府の「男女間における暴力に関する調査」(2014年、平成26年度調査）によると、配偶者からDVの被害を受けている女性の中で、別れたという人は8.7%で1割もいません。「別れたい（別れよう）と思ったが、別れなかった」が39.28%、「別れたい（別れよう）とは思わなかった」が42.2%と、加害者と別れていない女性たちが8割以上いるのに、このような女性たちへの支援が手薄な状態であることは明らかです。このような女性たちのニーズに応えるためには、アウェアの被害女性プログラムのような支援と、適切な加害者プログラムの両方が必要だと思います。

7　デートDV防止教育

デートDV防止プログラムをつくる
　加害者プログラムを始めてしばらく経ったころ、参加者の男性たちが若いころからDVしていることに彼らも私も気づきました。彼らの多くが若いころからDVにつながる価値観をもっていることに気づいたのです。例えば、ある人は「高校生のとき別れ話をしてきたガールフレンドのほおをひっぱたいてしまった」と言い、ある人は「結婚してないんだからあれこれ言わずに僕を優先しろよ」と考えていたと言いました。で、結婚したら今度は「俺は一家の主なんだから尊重しろ、優先しろ、にな

った」と言いました。気づいた男性たちはやがて「もっと早く気づきたかった。今アウェアで学んでいることを高校生や大学生のころ学びたかった」と言うようになります。そこで私は、ＤＶのない社会をつくるには、若者向けの未然防止教育が必要であり重要だと考えるようになりました。

　そこで、アウェアを開設した翌年、若者向けのＤＶ防止プログラム作りに取り組みました。防止教育で若者たちにいったい何を、どう伝えたら、彼らが加害者にも、被害者にもならないですむようになるか考えました。毎週ＤＶ加害者たちの言うことに耳を傾けてしばらくの間考えました。そして次の３つを選びました。
①力と支配　②暴力容認　③ジェンダー・バイアス
この３つを「学び落とす」（気づいてやめる）考え方として防止プログラムを作りました。
　のちに、④として「ゆがんだ恋愛観・交際観」を追加しました。
　３番目のジェンダー・バイアスですが、これを若者向けに別の言葉で言うと「カノジョ・カレシの"らしさ"と"役割の決めつけ・押しつけ"」です。これをプログラムの骨子に入れているのがアウェアのプログラムの特徴です。自分がジェンダー・バイアスをもっていることにハッと気がついてもらえるワークもあります。そのワーク１つで学び落とせるわけではありませんが、考えるきっかけを提供することができるのです。

　若い人たちには、学び落として加害者・被害者にならないようにするだけでなく、どうしたら交際する人と健康で豊かな人間関係をつくれるのか学べるように、次のような内容もプログラムに盛り込みました。

・相手を対等・平等な人として見る
・相手を尊重する（性行為について自己決定する権利を含めて）
・自分と相手の「自分らしさ」を大切にする
・共感

アウェアのデートDV防止プログラムに参加した若者たちの感想

- DVというのは自分にはまったく関係ないと思っていたが、意外にも身近なものだと感じた。
- DVはだれもが被害者にも加害者にもなると実感した。
- 自分のまわりでDVを受けている人がいたら、正しくサポートしてあげたいと思った。
- 同性カップルでもおきていることが聞けてよかった。
- 自分にはないと思っていたジェンダー・バイアスがあったことに気づかされ、自分自身を見直したいと思った。
- デートDVはただの暴力ではないことがわかった。
- 暴力をする人は最低だと思うけど、実際に自分がされたら許してあげそうで怖い。
- 暴力はいけないことなんだと再認識した。
- 父親の暴力で両親が離婚しているので勉強になった。
- 今の自分に当てはまることに気づいた。
- 加害者にも被害者にもなりたくないと思った。
- 自分の気持ちを暴力でなく言葉で伝えることが大変だけど大事だとわかった。
- 全部まじめに聞いてしまった。話が聞けてよかった。
- デートDVのロールプレイのヒロみたいなのがいっぱいるし、アヤみたいなのが多い。
- 今までのデートでしたことはないけど、いつか自分がやってしまうのではないかと思った。
- 学校の先生がしていることは「力と支配」にならないのか知りたい。
- デートDVされるほうも変わらなければならないと思った。
- 他人ごとだと軽く思っていたけど、体験談を聞いて怖くなった。
- ふだん、偏った「女らしさ」と「男らしさ」ばっかなんだって思った。
- イヤなことは、はっきり言ったほうがいいとわかった。
- お互いに意見を尊重し合って大切にすることが大事だということがよく理解できた。

2003年にアウェアのプログラムを紹介する本を出版しました。そのとき、若者におきていることを何と呼ぼうか、編集者といっしょに考えました。それを表す適当な日本語が見つからなかったのです。英語ではいくつか言い方があります。dating violence, teen dating violence, relationship violence, intimate partner violence, dating DVなどです。violence（暴力）という言葉は、からだへの暴力に限ってしまうような印象を与えるので予防教育には向いていないと思いました。dating DVがいいと思い、「デートDV」と名づけることにしました。こう名づけてよかったと思います。わかりやすいし、若者に特有な面もありますが、基本的には起きていることは大人に起きているDVと同じだからです。出版する本のタイトルに「デートDV」を入れましたが、出版物に「デートDV」という言葉が使われたのは、それがはじめてだったということがあとでわかりました。

　その本が2つの全国紙で紹介されたら、びっくりするような反響がありました。いろいろな方たちからお問い合わせをいただいたのですが、1番多かったのは高校の養護教諭からでした。実際に高校生にデートDVがおきていて、それを1番知っているのが養護の先生だったわけです。その後、「デートDV」という言葉は次第に普及し、13年で社会的にだいぶ認知されてきました。「デートDV」を紹介した私としてはうれしく思いますが、同時に悲しく思います。現実にデートDVが多くの若者たちの間で起きていることの表れだからです。

防止教育実施者の養成
　次に取り組んだことは実施者の養成です。2006年より前期3日間、後期3日間、合計6日間のデートDV防止プログラム・ファシリテーター養成講座を開催し、認定制にしました。防止教育をしようとする人には、実施する前に自らのまちがった価値観に気づき、充分に学んでから実施してほしいし、学びを継続してほしいと思ったからです。養成講座を受講し、認定を受けてくれた人はこれまでに400人以上で、北海道

「本気なら中出し！　遊びなら避妊！」?!
——これってマジ性暴力です

デートＤＶ防止プログラムを、200回以上中高生に実施している吉祥眞佐緒さん（アウェア事務局長）の体験です。

　プログラムでは、必ず「性の自己決定権」と「避妊の大切さ」について話します。あるとき、男女共学高校の全校生徒700人ほどがいる会場で、女子生徒が大声で言いました。
　「そんなのサア！　本気なら中出し！　遊びなら避妊！　避妊すると遊びだと思われてきらわれる。本気の恋愛なら避妊しないのが常識。知らないのは世間知らずだ」
　「じゃあ、妊娠したらどうする？」と投げかけると「結婚するに決まってる！」と答えました。「でも、そんなカップル見たことないよ。望まない出産をすると、自分のしたいことや夢をあきらめなければならなくなるけど、みなさんどうする？」と聞くと会場がシーンとなりました。
　「恋愛して妊娠して結婚して出産して家庭をもてばハッピーになれる」というのは幻想です。避妊を軽く考えることは自分を大切にしないことだと、気づいていない女子たちがいるようです。一方男子は、相手に望まない妊娠をさせてしまう責任の重さを考えていません。「いざとなったらオレ責任とるよ。そう思えるだけマジおまえが好きなんだ！」なんて軽いノリで避妊せずにセックスする人たちがいるようです。妊娠がわかると堕胎させたり逃げ出したり、「勝手に妊娠するのが悪い。女は男に迷惑かけるな」とブログに書いたりするような人もいます。
　性行為や避妊についてオープンに話せることが、相手を尊重する関係をつくる大切なことだと、若者たちに伝えたいと思います。男性が自分の都合で避妊しないことはマジ性暴力なんですよ。

から沖縄までいます。プログラムを実施したりして活動している人は約200人で、団体として活動しているところは約70カ所あり、全国での実施回数や受講者数は多くてつかみきれません。年1回の学習会（アウェア　デートDV防止教育プログラム・ファシリテーターのためのフォローアップ講座）は2015年に8回目を盛岡で開催しました。参加者が失敗談や体験談を報告したり、新しい情報を共有したりして、活動する元気と勇気を分かち合う場になっています。

8　DVのない社会を目指して

加害者かもしれないあなたへ
　本書では、加害者たちの例や話や言葉をできるだけたくさん紹介しました。それらを自分に引きつけて「気づく」きっかけにしてください。同じ問題を抱えた人たちの声ですから、あなたの心のどこかに届いたはずです。どうすればいいか、男性たちの話の中から見つけてください。DVの先には関係の破綻しかありません。DVはあなたの大事なものを破壊します。

被害者のあなたへ
　もしあなたが、相手はなぜDVするのか知りたいと思ってこの本を手に取ってくださったのなら、本書で紹介した加害者のさまざまな証言や発言を参考にして、相手のDVをぜひ見破ってください。相手のDVの目的は何なのか、なぜするのか、なぜあなたの気持ちに気づかないのか、なぜやめないのか、なぜ変わろうとしないのかなどを見抜いてください。変わろうとしても彼1人では変われないし、あなたが彼を変えることもできません。あなたにできることは、「変わらなければならない」と彼に危機感を抱かせることです。危機感から、変わるために1歩踏み出す加害者には変わる可能性があります。

　あなたが同居を選択するのであれば、相手のDV的な考えや態度・行動に目をつむったり我慢したりせずに、1つ1つ見抜いて「変われ！」という突きつけをしてください。もし彼が加害者プログラムに参加したら、彼は、家ではあなたに、プログラムではグループに背中を押され続ける必要があります。しんどい作業でしょうが、あなたがそれをしなかったら、相手はそこで止まってしまうかもしれないし、元に戻ってしまうかもしれません。彼があなたを失いたくないと思うなら、加害者プログラムで助けを得てがんばって変わろうとするでしょう。あなたと別れ

たほうが楽だとか、ほかの人とならうまくいくにちがいないなどと思う人はがんばりません。変わろうと本気にならない人はプログラムにただ通うだけで、ほんとうの変化は見せません。

　決めるのはあなたです。相手に求める変化の指標はあなたなりにきっとあることでしょう。アウェアは被害者の決断や希望を支援します。もしあなたが同居を選ぶなら、加害者にはプログラムに毎週参加し続けてほしいし、あなたにもアウェアにつながっていて、何かあったときには連絡してほしいと思います。加害者で気づきを深めた人は、同居後も真剣に通います。自分がまたＤＶしてしまうのではないかと不安を覚えているし、してしまったときはグループの助けがほしいからです。

　ところで、被害者の皆さんにも、"気づいて捨てる"ことをお勧めしたい価値観があります。次のような考え方です。

・自分さえ我慢していれば、**離婚は避けられる**
　　加害者の思うつぼです。あなたが離婚したくないと思っていることも、あなたのその我慢強さも加害者は利用します。ＤＶは虐待であり、人権侵害ですから我慢しないで助けを求めてください。

・腕をつかんだりからだを押したりすることぐらい、だれでもやっている
　　だれでもやっていることではありません。それらの行為は暴力です。あなたがそう思うのは、過去に暴力が日常化した環境があってそう思い込んでいるのかもしれません。

・夫は稼いで家族を養っているのだから、家族をコントロールしたがるのはしかたない
　　稼いでいる人が家族を養っているという考え方はやめましょう。家族が暮らしていくために役割を分担しているのではありませんか？　家族

や夫婦で、お金をもたらす役割をする人が上で、そうでない人が下だなんて考えはやめましょう。

・彼がおこるのはたいていの場合、私がきっかけをつくるのだからしかたない
　あなたがきっかけをつくっているのではありません。彼の感情は彼に責任があります。怒りをあなたのせいにするのは責任転嫁です。あなたがいくら気をつけても、がんばっても、彼は怒りたいときに怒るでしょう。彼は怒りの感情を、あなたにぶつけるきっかけを探しているのです。

・彼は暴力的な家庭で育ったため暴力的になったのだからしかたない
　そのような家庭で育ったことは、虐待されたということですから気の毒なことです。子どもの彼は傷ついた（あるいは今も傷ついている）だろうし、問題を解決するには暴力が手っ取り早い方法だというまちがった価値観を身につけてしまったのでしょう。しかし、それを、あなたを虐待する言い訳にはできません。彼は暴力を選んでいるのです。まず、あなたが「暴力はけっしてしない・させない・許さない」という決意をしてください。その決意で彼に向き合ったとき彼が暴力をふるうなら、警察に連絡してください。

・夫に「おまえ」と呼ばれることに抵抗がない
　あなたが彼を「名前＋さん」と呼び、彼があなたを「おまえ」と呼んでいたら要注意です。その呼び方自体が「彼が上であなたが下」の関係であることを表しているからです。加害者は相手を虐待して言うことを聞かせてやろうとするとき、まず相手を「おまえ」と呼んだり、「頭、悪いなあ」などと言葉で貶めたりしておいて始めることが多いようです。

・ＤＶされることは恥ずかしいことで、世間体が悪いからだれにも知られたくない
　ＤＶは、されるあなたが恥ずべきことではなく、する人が恥ずべきこ

とです。ひとりで悩まず、専門の窓口や警察に１日も早く相談してください。

・あんな人と結婚した私がバカだった、私の人生は失敗だ
　加害者の特徴のひとつは外面がいいことです。結婚や妊娠・出産を機にＤＶを始めたという人は多く、「釣った魚に餌はやらない」と言う人もいます。気づかなかったあなたのせいではないのです。

　女性は「いい妻・いい母親・いい嫁・いい娘」などを目指したり、世間体を気にしたりして、罪悪感を覚えがちです。また、自分で稼いでいないと、稼いでいる人の下に自分の身を置きがちです。このような価値観を、実は多くの女性がもっています。ＤＶする人は、相手のそのような価値観につけ込み、さらに罪悪感をもたせて、被害を容認させるように巧妙に誘導します。だからこそ被害者が被害に気づくのはむずかしいし、加害者のしていることが変だと気づいても「おかしい！」とか「やめて！」と言いにくいのです。だれかに相談することすら恥ずかしいことだと思い込まされてしまうのです。このように、ＤＶとは、法律では規制できない、人々の意識や生活習慣などに存在する女性差別意識が生み出している根深い問題なのです。

　ですから、相手が加害行為をやめることが、そのままあなたの回復につながらないかもしれません。自分自身をしばっているさまざまな思い込みを「学び落とし」、それらから自分を自由にするための新しい価値観と、それを相手や、相手と同じ価値観をもつ周りの人たちに伝えるための言葉を「学び」、獲得することが重要です。それが「ＤＶされないチカラ」、「自分で決断して行動をおこすチカラ」、そして「自分らしく生きるチカラ」になるのだと私は思います。

当事者でないあなたへ
　ＤＶをなくすためにできることがだれにもあります。まずＤＶにつな

がる価値観を自分がもっていると気づいたら、それを改めてください。そして周りの人たちに、意識を変えるよう働きかけてください。当事者の間に立って中立の立場をとることは加害者に加担することです。加害者の言い訳をけっして認めないでください。「自分の兄弟や息子や友人が暴力をふるうなんてありえない」と考えるのをやめましょう。周りでDVをしている人がいたら、それがどんなに身近な人であっても、「それはDVだ」と伝えてください。特に男性の読者の皆さん、あなたには自分と周りの男性たちを変えるチカラがあります。そのチカラをDVのない社会づくりに生かしてください。

終わりに

ＤＶと国家権力による「力と支配」

　ＤＶは社会が生み出している問題です。人々の意識と社会構造が変わらないかぎりＤＶはなくなりません。2014年の暮れ、米国のオバマ大統領はテレビで、「アメリカで5人に1人の女性がレイプされたりされそうになったりしています。4人に1人の女性がなんらかのＤＶを経験しています。こんなことを許してはなりません。女性へのあらゆる暴力を許さない社会をつくるのは、私たち1人1人です」とスピーチしました。日本の私たちも、1人1人が「自分には関係ない」から「それは自分の問題だ」へと考え方を変えなければなりません。そして、社会の構造を女男平等に変えること、被害者支援をもっと充実させること、若者への防止教育を広げること、加害者対策を社会全体で講じること、それらすべてを進めていかなければなりません。

　ＤＶの本質である「力と支配」は、人間関係の最少単位の夫婦や恋人などの間におきますが、大きくは国単位でもおきます。私たちは2015年の夏、国会で安倍政権による「力と支配」をまざまざと見せつけられました。安倍首相がしたことはＤＶ加害者がすることと同じです。国会

の答弁では、野党からの質問に対して、はぐらかし、まやかし、うそ、論理のすり替え、開き直りなどを駆使して、誠実な答えも丁寧な説明もしませんでした。これらは、自分は正しいのだから自分が通したいものはどんなことをしてもいい、というＤＶ加害者的態度・行動です。最後には暴力沙汰の強行採決（もどき）までやってのけました。憲法を無視して民主主義と立憲主義を踏みにじったのです。戦争は、国家権力による最悪の形の「力と支配」です。安倍政権のあまりのひどさに、若者を含めておおぜいの人がたちあがりました。私も何度も国会議事堂の前に立ち、声をあげました。次世代には原発も戦争もない、１人１人の人権が大切にされる社会を手渡したいと思います。

　最後にこの本の原稿の完成を10年も待っていてくださった梨の木舎の羽田ゆみ子さんと、さまざまな情報を提供してくださった、そしてアウェア事務局長としてアウェアを支えながら被害者支援団体「エープラス」を主宰する吉祥眞佐緒さんに心からお礼を申し上げます。ありがとうございました。

2016年2月　山口のり子

山口のり子（やまぐち　のりこ）

アウェア代表
女男平等の社会を目指して40年、日本及び海外で活動する。
シンガポールではDVやセクシャル・ハラスメント被害者支援及び裁判支援に関わる。ロサンゼルスではDV加害者プログラムを実施するためのトレーニングを受け、帰国後、2002年に「アウェア」を開設してDV加害者向け教育プログラムを始める。
2003年に「デートDV」という言葉を日本で初めて使って本を出版し、若者向け防止教育に取り組む。プログラムの実施者養成もしている。

著書
* 『DV　あなた自身を抱きしめて──アメリカの被害者・加害者プログラム』
　（梨の木舎　以下同様）
* 『愛する、愛される─デートDVをなくす・若者のためのレッスン7』
* 『デートDV　防止プログラム実施者向けワークブック』
* 『恋するまえに　デートDVしない・されない　10代のためのガイドブック』
　（バリー・レビィ著　共訳）

アウェア（aware）
ホームページ：http://www.aware.cn　メール：info@aware.cn
Tel:03-6272-8770　Fax:03-6272-8771　東京都

愛を言い訳にする人たち
──DV加害男性700人の告白

2016年3月1日　初版発行
著　者：山口のり子
ブックデザイン：宮部浩司
発行者：羽田ゆみ子
発行所：梨の木舎
〒101-0051　東京都千代田区神田神保町1−42
TEL：03（3291）8229　FAX:03（3291）8090
MAIL：nashinoki-sha@jca.apc.org
ホームページは、梨の木舎で検索してください。

印刷・製本：厚徳社